"DI-ER GE JIEHE" YU XINSHIDAI
ZHONGHUA YOUXIU CHUANTONG WENHUA CHUANGXIN FAZHAN YANJIU

马克思主义研究丛书

“第二个结合”与新时代中华优秀传统文化创新发展研究

"DI-ER GE JIEHE" YU XINSHIDAI
ZHONGHUA YOUXIU CHUANTONG WENHUA CHUANGXIN FAZHAN YANJIU

单文鹏◎著

中国人民大学出版社
·北京·

总　序

马克思主义是我们立党立国的根本指导思想，是我们认识世界、改造世界的强大理论武器。当前，国际形势正在发生深刻复杂的变化，我国改革发展进入新的关键阶段。时代变迁呼唤理论创新，实践发展推动理论创新。我们正逢马克思主义理论发展的一个大好时机。

从国际来看，马克思主义研究正处于热潮阶段。尽管苏东剧变后，国外有许多人在鼓吹“告别马克思”“抛弃马克思”等论调，但也有不少有识之士在研究马克思，主张“走近马克思”“重读马克思”“回到马克思”“反思马克思”，以新的理论成果“超越马克思”。国际范围内有关马克思主义的理论研讨会在世界各地频繁召开，会议规模越来越大，会议形式越来越灵活，参会人数越来越多，研讨领域越来越宽，讨论问题越来越深入，研究成果越来越丰富。尤其是2008年国际金融危机爆发以后，国际范围内涌动着一股研究马克思的热潮。这一切说明，“马克思是对的”，马克思主义的历史并没有终结，马克思主义的影响并没有消除，马克思主义的生机并没有停止。马克思主义仍然是人们认识世界、改造世界的强大思想武器。

从国内来看，正在实施的马克思主义理论研究和建设工程处在承前启后、继往开来、与时俱进的重要时期。马克思主义中国化理论成果的形成和发展，为加强马克思主义理论研究和建设指明了正确方向，积累了宝贵经验，奠定了扎实的理论基础；建设中国特色社会主义的伟大实践，为马克思主义理论研究提供了坚实的实践基础；加强党的执政能力建设、推进决策科学化民主化，为理论工作提供了广阔舞台；全党全社会的关心和支持，为理论工作创造了良好的社会环境；马克思主义理论一级学科的设立，为马克思主义理论研究提供了良好的平台；全面建设小康社会，推进中国特色社会主义事业进一步发展，对马克思主义理论研究提出了新的要求。

为了推进马克思主义理论研究，中国人民大学马克思主义学院和中国特色社会主义理论体系研究中心，编写了这套“马克思主义研究丛书”。编写出版这套丛书，只有一个目的，就是回应时代变迁提出的新挑战，抓住实践发展提出的新课题，加强对马克思主义的研究，展示我们在马克思主义基础理论研究和中国化马克思主义理论研究方面的最新成果，为推进马克思主义中国化、时代化和大众化，为推进马克思主义理论学科建设，为着力培养造就一支宏大的、高素质的马克思主义理论队伍做出我们应有的贡献。

马克思主义是与时俱进、不断发展的理论，所以我们希望这套丛书能够伴随着马克思主义的不断发展，一直出版下去，最后真正成为一套名副其实的“丛书”；马克思主义是开放包容、博采众长的理论，所以我们希望，这套丛书的作者队伍不断扩大，能够进入此套丛书的著作越来越多；马克思主义是十分严肃的科学，是颠扑不破的真理，所以我们也希望进入此套丛书的著作质量越来越高。

本套丛书的出版，得到了中国人民大学“211 工程”和“985 工程”的资金支持，首次进入丛书的著作，大都属于“211 工程”科研项目——“马克思主义在当代的发展与创新”和“985 工程”科研项目“马克思主义基础理论研究”的最终研究成果。

本套丛书的出版，也得到了中国人民大学出版社的大力支持。中国人民大学出版社社长贺耀敏先生非常关注此书的编写出版事宜。中国人民大学出版社政治与公共管理分社社长郭晓明先生，以及丛书的每位责任编辑，都为丛书的出版付出了艰辛的劳动。在此，一并表示感谢。

编写出版此套丛书，对于我们来说，只是一个初步尝试。为了使丛书编得更好，恳请读者提出宝贵意见。

中国人民大学马克思主义学院

2011 年 11 月

目　录

绪　论

习近平总书记指出："马克思主义中国化时代化这个重大命题本身就决定，我们决不能抛弃马克思主义这个魂脉，决不能抛弃中华优秀传统文化这个根脉。"① 坚持把马克思主义基本原理同中华优秀传统文化相结合是习近平新时代中国特色社会主义思想的重要内容，其深刻揭示了我们党成功开辟和发展中国特色社会主义道路的历史文化底蕴。"第二个结合"理论的提出，回答了今天中国治"道""从何而来""向何而去"的重大问题。它不仅是一套理论，更是一系列实践；不仅指向当下，更指向未来。从马克思恩格斯传统文化观，到列宁结合俄国实际对其进行吸收借鉴，再到中国共产党对马克思恩格斯传统文化观的继承发展，尤其是习近平总书记关于中华优秀传统文化的重要论述，这是一脉相承又与时俱进的。马克思恩格斯强调与传统观念实行彻底决裂，但并不是全盘否定传统文化，而是有前提的"决裂"。马克思恩格斯在对传统文化实现有前提的"决裂"的基础上，强调根据社会特定的条件，按照符合社会发展的原则，对传统文化进行创造转化。马克思恩格斯对传统文化实现有前提的"决裂"和有条件的创造转化的根本指向，在于有目的的发展，即建设发展无产阶级先进文化，这是马克思恩格斯传统文化观的出发点和落脚点。这些贯穿始终的马克思主义立场、观点和方法

① 习近平在中共中央政治局第六次集体学习时强调 不断深化对党的理论创新的规律性认识 在新时代新征程上取得更为丰硕的理论创新成果. 人民日报，2023-07-02 (1).

既是联结马克思恩格斯语境中的传统文化与中国传统文化的节点，也是把握马克思恩格斯传统文化观的当代价值，用马克思恩格斯传统文化观激活中华优秀传统文化的基点。

一、回答“怎样扬弃一切人类传统文化”的理论问题

马克思恩格斯传统文化观建立在对传统文化的理解和把握的基础上。马克思恩格斯深受传统文化影响，无论是家族血统中的宗教意识，还是早期对古希腊传统的高度赞扬，可以说马克思恩格斯是在传统文化的滋育中，不断开启理论研究和革命实践的。马克思恩格斯致力于“两大发现”的研究，在阐发唯物史观和科学社会主义时，形成了对传统文化的深刻思考和论述。包括晚期对文化人类学的研究，也无不体现着对传统文化的追溯和深思。虽然马克思恩格斯深受传统文化影响，也有着诸多关于传统文化的科学论述，但是不可否认马克思恩格斯没有明确提出过“传统文化”这一概念。马克思恩格斯关于传统文化的论述散见于传统哲学、传统宗教、传统道德、传统文艺等论述中。不是说马克思恩格斯没有明确提出传统文化的概念，关于马克思恩格斯传统文化观的研究就只能被迫中止。在马克思恩格斯关于传统哲学、传统宗教、传统道德、传统文艺等论述中，无不渗透着其对于传统文化的态度。同时，传统哲学、传统宗教、传统道德、传统文艺等也正是传统文化的具体表现。所以，马克思恩格斯关于传统哲学、传统宗教、传统道德、传统文艺等的论述为我们把握马克思恩格斯语境中的传统文化提供了依据。

传统文化是历史积淀的文明遗产，是迈向现代文明的前提条件，具有广义和狭义之分。从广义上来讲，传统文化是一个国家或民族在长期的社会实践过程中所创造的经由历史凝聚而延传着、流变着、发展着的诸文化因素构成的有机系统。它是处于过去社会形态中的人们直接或间接、自觉或自发为适应和改造生存环境而进行的实践产物；其具有不同形态的特质，由于社会心理、思维方式、价值观念、风俗习惯等方面存在差异，不同民族、不同地域所创造的传统文化必然呈现多样性的特征；同时，传统文化经由历史凝聚而不断延传、流变和发展，始终处于不断分析扬弃和综合创造的进程。从狭义上来讲，不同于中国传统文化——流淌于中华民族传统的生活方式和风俗民情之中，凝聚在包括儒

墨道法诸子百家经史子集的经典之中，是以儒家文化为主导的东方文化，马克思恩格斯语境下的传统文化具体体现为传统哲学、传统道德、传统宗教、传统文艺等内容，大致可分为以古希腊传统、基督教传统为主要代表的世俗传统文化和以 19 世纪上半叶人类思想的最高成就的思想精华为主要代表的理论传统文化，其本质上是一种西方文化。具体来说，世俗形态的传统文化，即与日常的生活方式、行为规范等紧密联系在一起的传统观念、传统习俗等的集合。比如，对马克思恩格斯影响较大的古希腊传统、基督教传统。理论形态的传统文化，即过去社会形态中由专门从事理论形态的文化创造的知识分子创造的文化，既包括哲学、法律、文学、道德等其中蕴含的世界观、人生观、价值观，又包括科学、技术、语言等知识部分。比如，深刻影响马克思恩格斯的古典政治经济学、空想社会主义和德国古典哲学等。系统把握马克思恩格斯传统文化观，就要澄清“两个彻底决裂”的认知误区、梳理推动传统文化创造转化的基本原则、明晰传统文化创新发展的根本旨归。

在“怎样扬弃一切人类传统文化”的科学回答上，纠正马克思恩格斯对待传统文化只有决裂而无继承的片面认知。马克思恩格斯传统文化观的当代价值的最直接体现，就在于纠正一定时期基于对“两个彻底决裂”的片面理解，而存在的马克思恩格斯对待传统文化只有决裂而无继承的片面认知。马克思恩格斯传统文化观是在动态发展中逐步形成、确立起来的，具有一定的历史性。目前学界对此的研究大致可分为：围绕德国传统文化和文化人类学的影响、伴随唯物史观的逐步形成和完善确立、聚焦人的现实解放和自由以及人的全面发展的价值追求而形成发展。从中国近代历史发展的影响来看，“彻底砸烂”“横扫一切”一定程度上成了对待传统文化态度的注脚。伴随着社会经济的变革，总有与之相联系的思想文化革命的出现。新文化运动曾提出与旧观念决裂的问题，强调封建礼教与共和制度是绝对不相容之物，存其一必废其一。“文化大革命”时期该思想被推向极端，成为砸碎一切旧铜烂铁、牛鬼蛇神的理论依据。在这种历史思维的影响下，全面剖析马克思恩格斯传统文化观，可以在厘清“决裂”范围的基础上，规避将马克思恩格斯对待传统文化的态度与“彻底砸烂”“横扫一切”直接画等号的错误倾向。从当代中国文化兴盛发展的需要来看，人类历史发展表明，任何国家民族的复兴，不仅体现为经济的强盛，而且伴随着文化的兴盛。以马克思主义为指导、以中华优秀传统文化为根基、汲取现代文化优长的当代中国文化，在满足人们内在精神文化需要、引领社会发展方向、推动中华民族伟大复兴等方面发挥着不可替代的作用。当代中国文化的繁荣发展离不开中华优秀传统文化之根，需要正确认识和科学对待传统文化。这正是系统把握马克思恩格斯传统文化观的价值所在，从文化兴盛发展的需求角度出发，科学认识传统文化的重要价值，不能重蹈近代将传统文化划为“彻底砸烂”对象的旧辙，避免陷入只有决裂而无继承的错误泥潭。从学界对此的研究和争鸣来看，只有决裂而无继承的片面认知在学术争鸣中不断得以澄清。随着研究的深入，对马克思恩格斯传统文化观的研究不断丰富，尤其是关于“彻底的决裂”的翻译解读问题。不少学者认为，应该将“传统的”改为“流传下来的”，以及将“最彻底的决裂”改为“最根本的决裂”或“最坚决的破除”等。学术争鸣的出现反映了对此问题的关注，系统剖析马克思恩格斯传统文化观是对只有决裂而无继承片面认知的澄清。

马克思恩格斯传统文化观，并不仅仅局限于地域民族，而是面向人类的一切传统智慧，不仅要重视本土传统文化的作用，也要捕获外域传统文化的营养。这无疑对认识一切人类传统文化有着重要启示。首先要坚持唯物辩证法。有学者明确指出坚持唯物辩证法是马克思恩格斯文化发展观的基本逻辑。那么，对待一切人类传统文化同样需要始终坚持辩证分析，一分为二地看待传统文化。这是马克思恩格斯传统文化观的根本标识，对于扬弃一切人类传统文化具有根本指导作用。此外，也需要明晰“扬什么、弃什么”。有学者阐释：“扬”的是跨越时空、对人类社会具有持续性价值的精华因素，“弃”的是和旧经济政治相联系、代表以往统治阶级利益的已经过时甚至腐朽的旧观念、旧风俗、旧习惯等①。当然，扬弃一切人类传统文化的落脚点在于推动现代文化的创新发展。有学者指出：“继承中国传统文化和学习借鉴西方文化，都是立足于中国今天的现实，都是为了推动中国文化和整个中国社会的现代化。”② 并根据中国特色社会主义文化发展的要求，对其加工改造，赋予其新的生命力。可见，马克思恩格斯传统文化观，对于“怎样扬弃一切人类传统文化”这一问题的科学回答也有裨益。

---

① 骆郁廷，王瑞. 论马克思、恩格斯的传统观及其启示. 马克思主义哲学研究，2014（1）.

② 方克立. 批判继承 综合创新. 传统文化与现代化，1995（3）.

二、回答“为何用马克思主义来激活传统文化”的历史追问

推动中华优秀传统文化创新性发展，不可回避地要处理马克思主义与中国传统文化的关系。习近平总书记在党史学习教育动员大会上明确指出：“在近代中国最危急的时刻，中国共产党人找到了马克思列宁主义，并坚持把马克思列宁主义同中国实际相结合，用马克思主义真理的力量激活了中华民族历经几千年创造的伟大文明，使中华文明再次迸发出强大精神力量。”① 马克思主义是在批判吸收人类全部知识的基础上产生并随着时代、实践和科学的发展而不断丰富发展的，是科学的理论、人民的理论、实践的理论和不断发展的开放的理论。推动中华优秀传统文化创新性发展，必须充分发挥马克思主义世界观和方法论的指导作用，这既反映了马克思主义因具有世界性而易于在不同民族文化中扎根的普遍适用性，也体现了中华优秀传统文化有着海纳百川的极大包容性②。在“为何用马克思主义来激活传统文化”的历史追问上，助力正确把握和处理马克思主义与中国传统文化的关系。坚持马克思恩格斯传统文化观有助于在辨识马克思主义与中国传统文化的关系中，坚持马克思主义在意识形态领域的指导地位，推动中国特色社会主义文化的繁荣兴盛。

随着马克思主义的传入，对马克思主义和中国传统文化的关系的讨论就从未中断。当代中国是不同于传统中国的社会主义形态的新中国，社会形态的根本更替必然引起属于上层建筑领域的思想文化的更新。风雨飘摇的时代里，各种旗号主张先后被历史的尘埃湮没，以维护社会正常秩序和统治合理性为首要思想功能的中国传统文化似乎不再奏效了。只有马克思主义在十月革命的炮响中惊醒了整个中国，马克思主义的指导地位从那时起就树立起来了。那么，今天重新正确认识中华优秀传统文化的时代价值，不能本末倒置，混淆传统文化与马克思主义在中国革命、建设、改革中的地位与功能。马克思主义与中国传统文化是一种主导意识与支援意识的关系③。“如果不懂得这个根本出发点，就无法理解登上中国政治舞台的中国共产党，为什么不能继续沿着儒家铺就的道

① 习近平．在党史学习教育动员大会上的讲话．北京：人民出版社，2021：11．

② 陈先达．文化自信中的传统与当代．北京：北京师范大学出版社，2017：202－203．

③ 方克立．关于马克思主义与儒学关系的三点看法．红旗文稿，2009（1）．

路作为中华民族复兴之路，而要举起马克思主义旗帜。”[①] 如何正确认识马克思主义和中国传统文化的关系，既坚持马克思主义的指导地位，又保证中华文明永不断流，需要做出理论回答和实践回应。有人认为中国传统文化必须融合马克思主义，这样才能使中华文明发展返本开新；也有人认为马克思主义的传入打断了中国传统文化的发展进程，是致使中国传统文化衰落的罪魁祸首。有学者就紧扣马克思主义与中国传统文化的关系，强调要运用马克思主义来激活传统文化[②]。具体来说，既要首肯传统文化对当代社会发展具有重要意义，认识到现代文化是在传统文化思想资源基础上发展而来的；又要一分为二地分析传统文化兼具积极和消极双重作用，助推其对社会发展所起的促进作用，打破其对社会发展的钳制枷锁。此外，也有学者从马克思恩格斯传统文化观的鲜明特征来回答“为何用马克思主义来激活传统文化”这一历史追问。其从坚持辩证唯物主义的基本原则、倡导多元辩证的文化发展、重视文化在社会有机体中的作用[③]三个方面，概述马克思恩格斯传统文化观的科学性，进而佐证用马克思主义来激活传统文化的科学性。

马克思主义与中国传统文化的融合实质上是对传统文化的继承发展，继承即充分挖掘中国传统文化的思想内容和思想形式，而发展则是根据时代要求，对中国传统文化的思想内容和思想形式进行马克思主义的阐释，继而上升至理论指导的高度，不断成为中国化马克思主义的内容。如何更好地发挥马克思恩格斯传统文化观的指导作用，关键还是要从方法论的角度，即方法指导上来把握。马克思通过对资产阶级社会的剖析，来窥视“一切已经覆灭的社会形式的结构和生产关系”，并且指出：“人体解剖对于猴体解剖是一把钥匙。”[④] 马克思运用“人体解剖”和“猴体解剖”的关系，来反映现代与传统的关联。一方面，通过对进化高等的人体解剖（现在的前前后后），来寻找低于人体的猴体构造（传统的点点滴滴）；另一方面，以对较为低等的猴体的把握（传统的点点滴滴），来推进对处于高层次的人体的认识（现在的前前后后）。由此，就打通了传统与现代的“阻塞”，为科学把握传统文化与现代文化

① 陈先达. 马克思主义和中国传统文化. 北京：人民出版社，2015：8.

② 魏海涛. 马克思主义传统文化观的三维阐释及当代启示. 高等教育评论，2018 (1).

③ 张传民. 马克思、恩格斯的文化发展观及其当代价值. 江西社会科学，2013 (3).

④ 马克思，恩格斯. 马克思恩格斯全集：第30卷. 2版. 北京：人民出版社，1995：46，47.

提供了方法论依据。这也是马克思恩格斯传统文化观的当代价值所在，即以马克思恩格斯传统文化观为方法论指导。马克思恩格斯传统文化观既是马克思主义指导思想的组成部分，也是推动中华优秀传统文化创造性转化、创新性发展的理论指导，其实现了坚持马克思主义的指导地位和批判继承中国传统文化的有机统一。

马克思恩格斯在深刻把握传统文化特点的基础上，阐明了对待传统文化的基本态度，形成了正确的传统文化观，为批判继承中华优秀传统文化提供了理论指导，很好地把马克思主义和中国传统文化拉到了实现融合的同一条战线之中。首先，马克思恩格斯传统文化观以“决裂”转化、发展为理论主轴，这为激活传统文化提供了基本思路。马克思恩格斯强调与传统观念“决裂”，并不是完全否定一切传统文化、隔断传统文化与现时任何联系的“决裂”态度；强调在与不适合当代社会发展的传统文化实现“决裂”的基础上，遵循相应转化原则，推动传统文化批判继承的转化态度；强调遵循人类社会文化发展客观规律，指向建设发展无产阶级先进文化的发展态度。这是合理科学的，也是达成一定共识的。其次，马克思恩格斯传统文化观具有鲜明的整体性，这为激活传统文化提供了整体视野。在马克思恩格斯传统文化观的指导下，我们不仅要以“点”的形式对待传统文化的诸要素，还有必要以“线”的形式把握传统文化不同要素间的相互关系。“决裂”态度是转化态度和发展态度的基础，转化态度是“决裂”态度和发展态度的关键，发展态度是“决裂”态度和转化态度的旨归，三者是相互联系、相互影响、相互作用的有机整体。最后，马克思恩格斯传统文化观有着鲜明的逻辑主线，这为激活传统文化提供了价值指针。马克思恩格斯传统文化观所持有的“决裂”态度、转化态度和发展态度贯穿着鲜明的逻辑主线，这就是着眼于传统与现代的关系，推动从传统文化到现代文化的转变，实现传统文化现代化。只有始终沿着这一逻辑主线，才能建构起激活传统文化的科学态度。所以，深入把握马克思恩格斯传统文化观，既反映了马克思主义因具有世界性而易于在不同民族文化扎根的普遍适用性，也体现了中国传统文化有着海纳百川的极大包容性①，是正确认识马克思主义和中国传统文化关系的必然要求。所以，无论从马克思主义和中国传统

① 陈先达. 文化自信中的传统与当代. 北京：北京师范大学出版社，2017：202－203.

文化的关系角度，还是从马克思恩格斯传统文化观的鲜明特征角度，都充分体现了马克思恩格斯传统文化观在回答“为何用马克思主义来激活传统文化”的历史追问上所具有的重要价值。

三、回答“如何推动中华优秀传统文化创造性转化、创新性发展”的时代课题

中华优秀传统文化是中华民族传承和发展的根本。习近平总书记在中共中央政治局第三十九次集体学习时强调，要“深入了解中华文明五千多年发展史，推动把中国文明历史研究引向深入”，并明确指出，“中华优秀传统文化是中华文明的智慧结晶和精华所在，是中华民族的根和魂，是我们在世界文化激荡中站稳脚跟的根基”①。马克思恩格斯传统文化观研究的着眼点在于实现其与中华优秀传统文化创新性发展的深度连接，以马克思恩格斯传统文化观为指导，推动中华优秀传统文化创造性转化、创新性发展。如何实现与中华优秀传统文化的深度连接，把马克思恩格斯语境下的传统文化与中国传统文化放在什么样的层面来指导借鉴，需要作出理论回答和实践回应。不可否认，学界在此方面有过大量研究，但是总给人一种“坡太陡”的感觉，似乎直接可以套用马克思恩格斯传统文化观，来实现中华优秀传统文化的创造性转化、创新性发展。所以，马克思恩格斯传统文化观当代价值的重要体现，无疑在于为中华优秀传统文化的创造性转化、创新性发展提供理论指导，加速推动创造性转化、创新性发展的落地生根，并服务于中国特色社会主义文化建设。

第一，明晰中华优秀传统文化的科学定位。中华优秀传统文化蕴含着解决当代人类面临的难题的重要启示。习近平总书记曾在多个会议上讲到民本思想、家国情怀、仁爱思想、正义观念、诚信理念、和合思想、大同理想等，这些思想和理念其实就是既具民族特色又显时代价值的中华优秀传统文化重要内容的具体体现。可以说，在中华民族文化长河中，始终闪烁着智慧火花的哲学思想、人文精神、教化思想、道德理论，它们蕴藏着解决当代人类面临的难题的重要启示，给人们认识世界和改造世界以有益启迪，给道德建设和社会发展以有益启发，给治国理

① 习近平．把中国文明历史研究引向深入 增强历史自觉坚定文化自信．求是，2022（14）．

政、国家长治久安以有益启示①。习近平总书记不仅从全面整体的角度，来阐发中华优秀传统文化的重要内容，还强调要深入挖掘和阐发中华优秀传统文化的基本精神。习近平总书记指出，要"深入挖掘和阐发中华优秀传统文化讲仁爱、重民本、守诚信、崇正义、尚和合、求大同的时代价值"②。可以说，这六个方面，穿越时空，富有永恒意义。马克思恩格斯语境下的传统文化与中国传统文化具有显著差异。马克思恩格斯虽然提出"两个彻底决裂"，也即"同传统的所有制关系实行最彻底的决裂"与"同传统的观念实行最彻底的决裂"，但我们不能把"两个彻底决裂"之传统观念等同于一般传统观念、不能把传统观念等同于传统文化、不能把彻底决裂等同于绝对否定。马克思恩格斯对传统文化有前提的"决裂"的具体内容主要是指脱胎于原始社会缺乏首创精神的思想观念、基于人身依附而形成的封建贵族特权意识、披着宗教外衣宣扬天国与彼岸的精神鸦片、产生并服务于私有制的资本主义腐朽文化，以及从人类精神头脑中找思辨答案的唯心史观。有前提的"决裂"启示我们对待中华优秀传统文化，必须把握中华优秀传统文化的科学定位，没有客观准确的定位，实现对传统文化的有效扬弃也就无从谈起。中华优秀传统文化作为精神滋养，是塑造中国精神的命脉所系，是涵养社会主义核心价值观的重要源泉；同时，中华优秀传统文化作为文化沃土，是增强国家文化软实力的历史根基，是实现中华民族伟大复兴中国梦的重要支撑。只有把握其科学定位，才能为有效扬弃提供前提基础，否则会出现"把孩子和洗脚水一起倒掉"的现象。

第二，把握中华优秀传统文化的转化原则。"坚持把马克思主义基本原理同中国具体实际相结合、同中华优秀传统文化相结合"③ 是习近平总书记对马克思主义中国化时代化的创新性贡献。在推动二者结合的过程中，习近平总书记围绕中华优秀传统文化，提出一系列具有原创性的新思想、新理念。从马克思主义的角度来看，只有同中华优秀传统文化相结合，马克思主义才能更好地扎根中国大地开花结果。可以说，正是因为同中华优秀传统文化相结合，马克思主义才在中国化时

① 习近平. 在纪念孔子诞辰 2565 周年国际学术研讨会暨国际儒学联合会第五届会员大会开幕会上的讲话. 人民日报，2014-09-25 (2).

② 习近平. 习近平谈治国理政：第 1 卷. 2 版. 北京：外文出版社，2018：164.

③ 习近平. 在庆祝中国共产党成立 100 周年大会上的讲话. 北京：人民出版社，2021：13.

代化过程中逐渐落地生根，在理论上更有解释力，在实践上更有推动力，在文化上更有吸引力。从中华优秀传统文化的角度来看，“如果没有中华五千年文明，哪里有什么中国特色？如果不是中国特色，哪有我们今天这么成功的中国特色社会主义道路？”① 中华优秀传统文化在滋养中国精神、中国价值和中国力量的过程中，必然需要与马克思主义基本原理相结合，唯有如此才能激活其自身的生命力，实现自身价值最大化。马克思恩格斯从自然条件和社会条件两个方面明晰了传统文化存续发展的基本条件。在此基础上，马克思恩格斯阐明了批判转化传统文化的原因与依据，分别是生产力的极大进步与发展、主体的现实需要与思维习惯、改革和革命，以及不同民族地域间或和平或战争的交流。从传统文化批判转化的具体内容来看，马克思恩格斯主要关注四个层面的内容，即创造转化助力生产力和生产关系发展的物质文化、创造转化具有自由平等民主等观念的观念文化、创造转化反映人类思想理论发展的科学内容、创造转化裨益世界文明繁荣发展的民族文化。在传统文化批判转化的原则层面，马克思恩格斯强调传统文化的批判转化必须遵循生产力和生产关系的矛盾运动、传统文化批判转化必须“从已有的思想材料出发”、传统文化批判转化必须立足“共同的历史背景”。马克思恩格斯对待传统文化的立场、观点、方法，对于推动中华优秀传统文化创造性转化、创新性发展具有重要指导意义。虽然马克思恩格斯语境下的传统文化与中国传统文化大相径庭，但是并不妨碍其立场、观点、方法对实现中华优秀传统文化创造性转化、创新性发展的理论指导。在正确处理马克思主义和中国传统文化的关系的基础上，充分发挥马克思恩格斯传统文化观的重要价值。有条件的转化启示我们对待中华优秀传统文化，必须把握批判转化的基本原则。中国传统文化是包罗优缺点于一体的，它凝结成中华民族的一种特殊的心理特性，长期影响着中华民族的方方面面，支配着我们的思想和行为。所以，必须坚持有区别地对待、有扬弃地继承，坚持与当代文化相适应、与现代社会相协调，深入挖掘和阐发中华优秀传统文化中讲仁爱、重民本、守诚信、崇正义、尚和合、求大同等核心思想理念，自强不息、敬业乐群、扶危济困、见义勇为、孝

① 习近平. 在文化传承发展座谈会上的讲话. 北京：人民出版社，2023：5.

老爱亲等中华传统美德，以及有利于促进社会和谐、鼓励人们向上向善的思想文化内容①。

第三，激活中华优秀传统文化的生命目标。如何实现传统文化的创新发展，需要建立在对传统文化创新发展的根本旨归上。马克思恩格斯着眼于传统文化与现代文化的关系，在始终坚持唯物史观的根本立场上，推动传统文化创新发展为无产阶级先进文化。从马克思恩格斯传统文化发展观的视角看，阐明激活中华优秀传统文化的生命目标不仅要明晰“为何创新发展”这一问题，就是要反映无产阶级和人类解放的价值旨归、反映人类社会之历史前进的正确方向、反映现实的人和现实的社会的出发点；还要讲清楚“创新发展什么”这一问题，主要包括适应无产阶级革命需要的物质文化、激发无产阶级革命斗志的观念文化、揭示人类社会发展规律的科学理论，以及反映无产阶级自由联合的世界文化等；最后落脚到“怎么创新发展”这一问题上，即要知道创新发展的规律，在遵循人类社会文化螺旋式有序上升的发展规律、遵循人类社会文化进化式优胜劣汰的发展规律、遵循人类社会文化拓展式走向世界的发展规律的基础上，推动传统文化创新发展。实现与中华优秀传统文化的深度连接，还要回到马克思恩格斯传统文化观上。以“决裂”态度为前提，把握传统文化的科学定位；以转化态度为蓝本，把握传统文化批判转化的基本原则；以发展态度为目标，激发传统文化的创新发展，致力于中国特色社会主义文化的繁荣兴旺。不仅要以马克思主义为指导、坚守中华文明立场，而且还要着眼全球化的发展态势、展现中华文明的独特标识，在指导思想、时代背景和世界视野的统一中，实现中华优秀传统文化的创造性转化、创新性发展，汇聚中国特色社会主义文化建设的精神支柱与精神源泉。

---

① 中共中央办公厅、国务院办公厅印发关于实施中华优秀传统文化传承发展工程的意见. 人民日报，2017-01-02 (6).

第一章　马克思恩格斯传统文化观是深化“第二个结合”研究的题中之义

习近平总书记在文化传承发展座谈会上对中华文明和中华优秀传统文化作了系统论述，深刻揭示了马克思主义基本原理同中华优秀传统文化相结合的科学内涵和重大意义，明确提出了“在新的起点上继续推动文化繁荣、建设文化强国、建设中华民族现代文明，是我们在新时代新的文化使命”①。马克思恩格斯对待传统文化和我们正确处理中国传统文化虽然所处的社会环境、发展阶段等不尽相同，但是遵循着同样的本质规律，我们仍然可以在相通意义上以同一单位或标准思考彼此间的可借鉴性问题。从马克思恩格斯传统文化观，到列宁结合俄国实际对其进行吸收借鉴，再到中国共产党对马克思恩格斯传统文化观的继承发展，尤其是习近平总书记关于中华优秀传统文化的重要论述，这是一脉相承又与时俱进的。所以说，以“第二个结合”推动中华优秀传统文化创造性转化、创新性发展，内在地要求理解和把握马克思恩格斯对待传统文化的立场、观点、方法，马克思恩格斯传统文化观是深化“第二个结合”研究的题中之义。

---

① 习近平. 在文化传承发展座谈会上的讲话. 北京：人民出版社，2023：10.

第一节　传统文化与马克思恩格斯传统文化观

系统把握马克思恩格斯传统文化观的首要前提是明晰马克思恩格斯语境中的传统文化的基本内涵。通俗地讲，就是要回答马克思恩格斯所指的传统文化是什么，马克思恩格斯所指的传统文化与中国传统文化有何关系等。由此，需要从传统文化及其相关概念入手，厘清传统文化的基本内涵，进而聚焦于马克思恩格斯语境中的传统文化。

一、传统文化的基本内涵

传统文化是由传统和文化这两个概念联结构成的复合概念，其中必然包含着传统即从过去延传下来的、被人们赋予价值和意义的事物，作为不同于自然存在物的、人们生存活动和实践方式对象化的结果的文化，以及传统制约文化、文化延续传统、二者在交互演绎中发展等多层含义。总的来说，传统文化是一个国家或民族在长期的社会实践过程中所创造的经由历史凝聚而延传着、流变着、发展着的诸文化因素构成的有机系统。从广义上来讲，传统文化包罗万象，但凡是满足人所创造的、从过去延传下来的、被人们赋予价值和意义的等条件的，都可被认定为传统文化，或者被归入传统文化的范畴，是一个囊括器物、行为、精神等方面的有机系统。从狭义上来讲，传统文化侧重世代相传、延传至今的社会理想、价值观念、思维方式、行为方式和审美情趣等①。很显然，相对于器物、行为、精神等方面的有机系统，狭义的传统文化更多地强调精神层面，是关于一个国家或一个民族特有的价值理想、民族精神、社会心理、性格气质等方面的集中体现。比如，我们现在反复谈到的继承和弘扬中华优秀传统文化，马克思恩格斯对待传统文化的科学态度等等。这里对传统文化的认识与理解，虽然也是比较宽泛的，但是主要还是就狭义方面而言的。把握传统文化的基本内涵，可进一步从以下三个方面来理解：

首先，传统文化是处于过去社会形态中的人们直接或间接、自觉或

① 唐凯麟.传统文化三题.求索，2018（3）.

自发，为适应和改造生存环境而进行的实践的产物。很显然，传统文化不同于山川草木、鸟兽虫鱼等自然存在物，不同于四季交替、草木枯荣等自然变化，不同于雾露霜雪、风雨雷电等自然现象，它是人们在长期实践过程中的对象化产物。人作为有意识的存在物，只有通过对对象世界的改造，才能体现这一有别于动物的特性，其中自然也包括传统文化这一对象化结果的形成和变化。可见，传统文化是人们在长期历史发展的过程中，基于劳动实践，主体意识“物化”的结果，反映了人们在适应和改造生存环境的过程中，对自然界和自然事物的加工以至创造、对风俗习惯和制度规范的创设和延续、对价值判断和思维方式的习得和养成。所以，传统文化的本质不同于自然生成物，它是处于过去社会形态中的人们在历史发展过程中不断实践的产物，为人所创造是它与自然存在物的根本区分。

其次，传统文化具有不同形态的特质。不同地区、不同民族所创造形成的传统文化，必然具有各不相同、纷纭复杂的形式和状态。比如说，我们中式建筑多以木石为构，更为雄宏壮丽，而西式建筑则多见尖楼与穹顶，更赋个性；还有我们以鞠躬、握手作为见面礼，而西方更多的是拥抱、亲吻；再比如，在我们国内，就元宵节这一传统节日，各地也有不一样的习俗，北方主要吃饺子，而南方以汤圆为主；等等。传统文化之所以具有不同形态的特质，是因为其作为人们历史实践过程中的产物，不可避免地受不同地域、不同民族的价值观念、风俗习惯、行为规范、审美情趣等的影响，这样就必然导致传统文化因地域或民族的差别而呈现出不同的形态。马克思也十分强调这一点。比如，对于提供“规范”和“范本”[①] 的古希腊文化的肯定，对建立在“依靠小农业与家庭工业相结合而存在的”[②] 中国传统文化的分析。总之，“也许就像中国哲学与黑格尔哲学一样”[③]，传统文化会因地域、民族等因素而呈现出不同形态的特质。

最后，传统文化经由历史凝聚而不断延传、流变和发展，始终处于不断批判扬弃和综合创造的进程中。传统文化作为人们实践的产物不是一成不变的，而是始终处于延传、流变和发展的过程之中的。这里有两

① 马克思，恩格斯. 马克思恩格斯全集：第 30 卷. 2 版. 北京：人民出版社，1995：53.
② 马克思，恩格斯. 马克思恩格斯全集：第 19 卷. 2 版. 北京：人民出版社，2006：20.
③ 马克思，恩格斯. 马克思恩格斯全集：第 10 卷. 2 版. 北京：人民出版社，1998：277.

层含义：一是从传统文化的形成来看，其能够成为传统文化一定是一代又一代传下来的，就像有学者指出的“至少要持续三代人”[①]，这就决定了传统文化必然不是“死”的，而是延传下来的；二是从传统文化的发展来看，其一经形成就会存在一定的惰性，但是它也不是静态地存在着，而是会随着时代背景、社会要求的变化发展而变化发展。所以，传统文化从其形成的源头，到其变化发展，甚至直至其消失，都始终处于自我满足和自我完善、自我超越和自我否定的系统中，经历着“完善—冲突—破坏，破坏—冲突—完善”的螺旋式前进进程[②]。当然，也不乏因无法适应时代发展和社会要求，而惨遭淘汰的部分传统文化。总的来看，如前所述，传统文化经由历史凝聚而不断延传、流变和发展，始终处于批判扬弃和综合创造的进程中。包括马克思主义在批判继承前人思想的基础上创立发展，传入中国后在结合中国具体实际、尊重中华文化传统的基础上推进马克思主义中国化时代化进程，以及指导并作用于中华优秀传统文化的赓续传承和创新发展等，都体现或者反映着传统文化作为一种活生生的实践产物不断演化和发展。

二、马克思恩格斯传统文化观

在准确界定马克思恩格斯语境中的传统文化之前，首先要回答的是马克思恩格斯的语境中有传统文化吗？或者说，马克思恩格斯有关于传统文化的论述吗？答案是肯定的。马克思主义作为系统而庞大的理论体系，包括了方方面面的重要论述，当然也包括关于传统文化的系列论述。并且需要重点指出的是，马克思恩格斯在关于传统、关于文化、关于意识形态等的论述中所涉及的传统文化内容，尤其反映了他们对待传统文化的科学态度。

尽管在马克思恩格斯的著作中，蕴含着丰富而深邃的传统文化思想，体现着马克思恩格斯传统文化观，但是他们并没有明确使用过“传统文化”这一概念名称，“传统文化”这一概念的具体内涵是通过他们关于传统的论述来体现和表达的。

从关于传统论述的词类来看，马克思恩格斯语境中的“传统”有名词、形容词和副词之分。词类的划分是准确把握马克思恩格斯语境中的

---

① 希尔斯. 论传统. 上海：上海世纪出版集团，2009：15.

② 张立文. 传统学引论：中国传统文化的多维反思. 北京：中国人民大学出版社，1989：8.

“传统”和“传统文化”的前提。马克思恩格斯语境中出现的“传统”，根据其词类的不同，可以划分为名词、形容词和副词，也就是说马克思恩格斯分别在名词、形容词和副词意义上使用过“传统”这一概念。马克思恩格斯在名词意义上使用“传统”这一概念，具体可以从三个方面来理解：第一，人群不同。马克思恩格斯根据不同的人群划分，如“工人传统”“巴登传统”“赛尔特人传统”等。第二，角度不同。从横向来看，马克思恩格斯论述过不同民族所具有的传统和传统文化；从纵向来看，马克思恩格斯从文化发生发展的历时性维度，阐释过传统和传统文化的内涵及其形成。第三，领域不同。马克思恩格斯在经济、革命、宗教和理论等不同领域使用过名词意义上的“传统”，比如，“革命传统”“基督教传统”“政治经济学传统”等。形容词意义上的“传统”相对来说易于理解，主要是用来修饰特定的内容，马克思恩格斯语境中出现过“传统观念”“传统信仰”“传统宗教”“传统理论”“传统政策”“传统方式”“传统惯例”“传统习惯”“传统情感”“传统束缚”等，其中出现频率最高的是“传统观念”。当然，马克思恩格斯也在副词意义上使用过“传统”这一概念，不过相对来说是极少的。总之，无论是名词意义上的“传统”，还是形容词或副词意义上的“传统”，都说明了马克思恩格斯语境中“传统”概念分布得相当广泛，是在大文化意义上使用和阐释传统以及传统文化的内涵的。

从关于传统论述的词性来看，马克思恩格斯语境中的“传统”有肯定、否定和中性之别。词性的不同能直观反映马克思恩格斯对传统和传统文化的不同态度。从词性角度来看，主要有否定意义上的，但也有肯定意义上的，还有中性意义上的。有这样一种认识，即提到马克思恩格斯语境中的“传统”，就想当然地认为是在否定意义上来谈的，这显然是不准确、片面的。如果从肯定和否定的对比来看，的确马克思恩格斯在否定意义上使用“传统”这一概念的频率要远大于在肯定意义上使用“传统”这一概念。但是还有相当一部分，马克思恩格斯并没有表现出否定抑或肯定的态度，只是客观陈述传统和传统文化的存在及其价值，也就是在中性意义上使用“传统”这一概念。具体来说：第一，否定意义上的“传统”。这类概念在马克思恩格斯的语境中是最为常见的，通常伴有“陈腐”“顽固”“偏见”“虚伪”等修饰词。这也体现了马克思恩格斯对传统以及传统文化的批判态度。第二，肯定意义上的“传统”。

这类概念是相对于前面否定批判而言的，在马克思恩格斯语境中也有所体现，比如，“对自由的热爱的传统”“对马匹和乘骑的传统喜爱”“以维护光荣的历史传统”等。肯定意义上的“传统”直观地反映了传统文化的价值，是正确对待传统文化的前提依据。第三，中性意义上的“传统”。这类概念是马克思恩格斯客观阐释传统以及传统文化的体现，并没有直接亮明肯定或者否定的态度。总之，无论是否定意义、肯定意义，还是中性意义，都是后续探讨马克思恩格斯传统文化观的重要参考和直接依据。

从关于传统论述的指代来看，马克思恩格斯语境中的“传统”有特指和泛指之异。指代的不同是全面理解马克思恩格斯语境中的传统和传统文化的基础。从指代的角度来看，大致可以分为有特定意义的“传统”和泛指一般意义的“传统”。其中有特定意义的“传统”是指马克思恩格斯在使用“传统”一词时有特定的指示含义，比如，散见于马克思恩格斯论述中的“拿破仑的传统”“1793年旧的革命传统”“法国的君主制传统”“巴登传统”“罗马共和国的高度严格的传统”“赛尔特人传统”“霍亨索伦王朝传统”“巴贝夫主义传统”“拉萨尔派传统”“无政府主义传统”等。相对于特定意义的“传统”，马克思恩格斯语境中的“传统”更多的是一般意义的“传统”。一般意义的“传统”有以下几个主要的含义：第一，等同于依据的传统。马克思恩格斯常把传统看作一种依据，比如，“按照最合乎传统的方式消遣”。第二，等同于习惯的传统。马克思恩格斯经常把“传统”和“习惯”并用，比如，“英国农民由来已久的习惯和传统”。第三，等同于方式的传统。马克思恩格斯在使用“传统”时，会将其视为一种方式方法，比如，“通过传统和教育承受了这些情感和观点”。第四，等同于权威的传统。马克思恩格斯有把传统视为权威或者权威意见来使用，比如，“这种传统是专供下级官员、士兵和群众遵守的”。第五，相对于新思想的传统。这里的传统等同于旧思想，比如，“发生了新思想和传统的斗争”。第六，相对于开明的传统。这里的传统就表现为守旧，比如，“既是传统派又是开明派”。第七，相对于事实的传统。这里的传统是虚假的含义，比如，“唯一目的是研究事实，揭露传统的谎言”。第八，相对于现实的传统。这里的传统更多的是历史的意蕴，比如，“这个问题既有传统的意义，又有现实的意义”。总之，特定意义的“传统”和一般意义的“传统”，再次体现了马克思恩格斯语境中的“传统”是个较为宽泛的概念，所以准确理解和把握马克思恩格斯语境中的传统文化，应该秉持宏观视野，从大文化的视域出发加以研究。

第二节　马克思恩格斯语境中的传统文化形态

关于文化基本形态的划分，包括传统文化基本形态的划分，其实有着诸多的划分标准，自然也就产生了不同的文化形态。比如，从文化的呈现方式来看，文化可以划分为物质文化、制度文化和观念文化，对应传统文化自然就是物质传统文化、制度传统文化和观念传统文化，这是最为常见也是最具共识的一种划分方式；从文化的社会地位来看，文化可以划分为主流文化和次要文化，也就是我们常说的主文化和亚文化，对于传统文化自然就是主流传统文化和次要传统文化，这在我们今天也是一种常用的说法；从文化的情感评判来看，文化可以划分为高雅文化和低俗文化，也可简称为雅文化和俗文化，对应传统文化自然就是高雅传统文化和低俗传统文化，这种划分方式常出现在日常交流中；从文化的理论程度来看，文化可以划分为理论文化和世俗文化①，对应传统文化自然就是理论传统文化和世俗传统文化，这是一种较为学术化的划分依据。不同的划分标准，以及由此而产生的不同的传统文化文化形态，为我们把握马克思恩格斯语境中传统文化的基本形态提供了多个视角，同时也拓宽了视野。

聚焦于马克思恩格斯语境中的传统文化的基本形态，既不能简单地用物质传统文化、制度传统文化和观念传统文化，理论传统文化和世俗传统文化加以机械概括，更不能带有主观色彩地用主流传统文化和次要传统文化、高雅传统文化和低俗传统文化来高低定性。为此，这里具体划分为：物质形态传统文化、观念形态传统文化、制度形态传统文化、理论形态传统文化和地域形态传统文化等五个方面。当然，从马克思恩格斯卷帙浩繁的著述中，肯定还可以归纳出其他形态的传统文化。本书只是为了集中且便利地研究马克思恩格斯传统文化观，而提炼选取了这

① 陈先达. 文化自信中的传统与当代. 北京：北京师范大学出版社，2017：38.

五种主要的传统文化形态。

一、物质形态传统文化

物质形态传统文化是马克思恩格斯语境中传统文化的基本形态之一，在马克思恩格斯语境中的传统文化的基本形态中占据着主导地位。物质文化，对大家而言是比较熟悉的，它是人类文化中最基本、最常见、最丰富的构成部分，主要包括直接满足人的基本生存需要的系列文化产品。但是，不能把物质文化和物质等同起来，物质是物质文化的传承载体，物质文化是通过物质展示出来的文化①。对应地，物质形态传统文化也就很好理解了，它产生并服务于过去社会形态，是直接满足处于过去社会形态中的人们的基本生存需要的文化产品，有助于维持个体和社会再生产。从某种意义上说，传统文化之所以能在现代社会为人们所感知，就是因为物质形态传统文化的刻录和延续。那我们所要研究的马克思恩格斯语境中的物质形态传统文化与上述一般意义上的物质形态传统文化是一致的。

首先，马克思恩格斯语境中的物质形态传统文化是强调经过人们加工的、用于满足过去人的各种生存需要的自然物品或者人造物品。恩格斯曾经在关于非洲发展的描述中，有着很明确的、能够反映出马克思恩格斯语境中的物质形态文化的字眼，“印花布”“陶器”“金属制品”②就是文化的物质形式。当然除了这些常见的物质形式外，还有常出现在马克思恩格斯语境中的“蒸汽机”等，这些都是通过以物质为载体反映出来的、用于满足过去人们生存需要的物品。所以，这是从直观角度对马克思恩格斯语境中物质形态传统文化呈现结果的阐释，是我们把握马克思恩格斯语境中的物质形态传统文化的一个重要方面，或者说是第一步。

其次，马克思恩格斯语境中的物质形态传统文化还包括用以生产这些物品的生产工具和生产手段，从根本上来说就是生产力要素。马克思对这一方面有过直接论述，把生产力直接看作文明的果实③。这里的生产力主要是一种物质力量的体现，具体表现为生产机器、交通工具、生

---

① 陈先达. 文化自信中的传统与当代. 北京：北京师范大学出版社，2017：46.

② 马克思，恩格斯. 马克思恩格斯全集：第 21 卷. 北京：人民出版社，1965：230.

③ 马克思，恩格斯. 马克思恩格斯文集：第 1 卷. 北京：人民出版社，2009：613.

产技术等要素。需要指出的是，马克思格外重视科学技术这一生产力要素，曾明确指出，生产力中是包括科学在内的①。这表明马克思恩格斯重视生产力要素这一物质形态传统文化的核心要素。

最后，马克思恩格斯语境中的物质形态传统文化是观念形态传统文化、制度形态传统文化、理论形态传统文化和地域形态传统文化赖以存在和发展的基础，决定着其他形态传统文化的变化发展。这是唯物史观在文化领域尤其是传统文化方面的具体体现。用马克思的话来说，就是手推磨对应形成封建主义社会，蒸汽磨对应的是资本主义社会②，而随着蒸汽磨对手推磨的替代，封建主义社会也就被资本主义社会碾压在历史的车轮下。也就是说，物质形态传统文化是其他形态传统文化的基础，在以“手推磨”为代表的物质形态传统文化的影响下，必然产生封建社会中的观念文化、制度文化、理论文化、地域文化；同理，以“蒸汽磨”为代表的物质形态传统文化也必然产生并服务于资本主义社会的各种形态文化。所以，把握马克思恩格斯语境中的物质形态传统文化，还需要放在传统文化基本形态体系中予以全面理解。

二、观念形态传统文化

观念形态传统文化也是马克思恩格斯语境中传统文化的基本形态之一，马克思恩格斯在观念形态传统文化方面也有着诸多论述，这一形态的传统文化在马克思恩格斯语境中占据着重要地位。要理解和把握观念形态传统文化，我们可以从观念文化入手。观念文化是大家相对比较熟悉的概念，它是以物质文化为基础，较之于满足人们基本生存需要，其主要是对人们更深层次的需要，即由于人的交往需要而产生的，合理地处理个人之间、个人与群体之间关系的需要的满足和规范。相对应地，观念形态传统文化就是以过去社会形态中的以物质文化为基础，用于满足和规范个人之间、个人与群体之间关系的需要的一种文化形态。

首先，马克思恩格斯语境中的观念形态传统文化带有深深的阶级烙印。不同于物质形态传统文化，观念形态传统文化有着明显的阶级性。在阶级社会中，观念形态传统文化是为过去统治阶级服务的精神工具，无论是它所体现的社会心理，还是它所反映的风俗习惯，无不渗透着统

① 马克思，恩格斯. 马克思恩格斯全集：第 30 卷. 2 版. 北京：人民出版社，1995：267.

② 马克思，恩格斯. 马克思恩格斯文集：第 1 卷. 北京：人民出版社，2009：602.

治阶级的统治意识。这一点马克思恩格斯是有明确论述的，他们深刻地指出，统治阶级以所谓的一些生活准则，来粉饰自己的统治意识[①]。从这个角度来说，观念形态传统文化是过去社会形态中，用于维护统治阶级的工具，是统治阶级个人意志的放大和推广。所以，正是由于阶级性的存在，马克思恩格斯才更多地关注以传统观念为核心的传统文化，也就是这里所说的观念形态传统文化。

其次，马克思恩格斯语境中的观念形态传统文化有其自身发展的特性。一般来说，传统文化整体上是受制于过去社会形态物质生产的。那么，观念形态传统文化也是为物质形态传统文化所左右的。但是，观念形态传统文化具有一定的不同步性，或者说是独立性。恩格斯曾描述过这样一种现象：经济落后的国家反而哲学思想丰富深刻，“经济上落后的国家在哲学上仍然能够演奏第一小提琴”[②]。这种现象的出现其实就很好地反映了观念形态传统文化的不平衡性。一方面，观念形态传统文化裹挟着传统观念、意识、思维等，滞后于社会的发展；另一方面，观念形态传统文化作为已有的思想资料，为社会的进步发展提供思想基础。这正是马克思恩格斯对待传统文化科学态度所要辩证看待的地方。

最后，马克思恩格斯语境中的观念形态传统文化处于物质形态传统文化和制度形态传统文化、理论形态传统文化、地域形态传统文化的中间层次，有着重要的导向作用。观念形态传统文化受制于物质形态传统文化，同时观念形态传统文化对物质形态传统文化具有一定的反作用，这在上文关于观念形态传统文化的不平衡性论述中可以很清晰地看到。此外，观念形态传统文化对制度形态传统文化、理论形态传统文化和地域形态传统文化也有着重要影响和制约，甚至可以说，制度形态传统文化、理论形态传统文化和地域形态传统文化的核心要素就是观念形态传统文化。制度形态传统文化、理论形态传统文化和地域形态传统文化的内核是传统观念。总之，需要明晰观念形态传统文化在马克思恩格斯语境中的传统文化的基本形态体系中的定位，也就是说，要找准它在物质形态传统文化、制度形态传统文化、理论形态传统文化和地域形态传统文化间的位置。

---

① 马克思，恩格斯. 马克思恩格斯全集：第 3 卷. 北京：人民出版社，1960：492.

② 马克思，恩格斯. 马克思恩格斯文集：第 10 卷. 北京：人民出版社，2009：599.

三、制度形态传统文化

制度形态传统文化也是马克思恩格斯语境中传统文化的基本形态之一，在马克思恩格斯语境中的传统文化的基本形态体系中也具有一定地位。制度形态传统文化与前面论述的物质形态传统文化、观念形态传统文化，以及后面将要阐释的理论形态传统文化、地域形态传统文化有所不同，它主要是通过一定的制度、规范、行为来体现和表征的，相对来说不是那么直接。人们的行为受物质条件、观念因素等的支配，然而人们的行为实际又是一种个人的、群体的或者社会的共同行为，其中必然反映、萌发和形成习俗、规则、政策、法律等制度因素。同样地，马克思恩格斯语境中的制度形态传统文化也是由习俗、规则、政策、法律等制度因素所凝结体现的重要文化形态。

首先，马克思恩格斯语境中的制度形态传统文化强调过去各种成文的或者约定俗成的行为模式与行为习惯，包括过去人们的个体生存活动和群体社会活动组织化的各种习俗、政策和制度。马克思在对德意志民族传统习俗延续的原因的论述中，也明确谈及了“一切条顿民族最初所共有的古代习俗所以能够作为传统延续到 19 世纪……”①，很显然，这是从制度形态来阐释传统习俗的。还有为大家所熟知的，马克思在批判印度公社时一连用了四个“我们不应该忘记”，其中第一个就是在强调作为东方专制制度的基础，印度公社钳制人们的头脑，抑制历史首创精神和伟大的作为②。这是马克思恩格斯对以传统规则为代表的制度形态传统文化的论述。此外，马克思恩格斯在具体论述俄国、土耳其等具体国家的问题时，尤其是在它们的外交、财政和宗教等领域，较多地阐释了它们的传统政策。这也是马克思恩格斯语境中制度形态传统文化的具体体现。当然，还有直接针对传统制度的论述，比如，恩格斯在阐释英国工人阶级状况时，提到传统雇佣劳动制度，批判旧工联“把雇佣劳动制度看做永恒的、一成不变的制度”③。这里就是从制度因素直观呈现出马克思恩格斯语境中的制度形态传统文化。总之，马克

---

① 马克思，恩格斯. 马克思恩格斯全集：第 11 卷. 2 版. 北京：人民出版社，1995：426.

② 马克思，恩格斯. 马克思恩格斯全集：第 12 卷. 2 版. 北京：人民出版社，1998：142-143.

③ 马克思，恩格斯. 马克思恩格斯全集：第 22 卷. 北京：人民出版社，1965：324.

思恩格斯从传统习俗、传统规则、传统政策和传统制度等不同角度阐释了制度形态传统文化的表现形式，这也是他们语境中传统文化基本形态的重要方面。

其次，马克思恩格斯语境中的制度形态传统文化以物质条件为基础，受人类的经济活动制约。前面在具体讨论观念形态传统文化的发展特性时，已经阐释了传统文化受过去社会形态物质生产的制约。那么，对于制度形态传统文化而言，其同样以物质条件为基础，受人类的经济活动制约。恩格斯曾分别阐释了蒙昧时代、野蛮时代和文明时代的物质生产及其所对应的文化发展境况。可以说，不同历史时期的物质生产条件，决定了相应时期人与人、人与自然的关系，在这样的交换关系中形成特定历史时期的制度形态传统文化。当然，随着物质条件的改变，制度形态传统文化也有着相应的变迁和发展。这是马克思恩格斯语境中制度形态传统文化所包含的重要方面。

最后，马克思恩格斯语境中的制度形态传统文化在变迁发展的过程中呈现出一定的稳固性。相比其他形态的传统文化，制度形态传统文化更显性地表现出稳固性的特征。比如，恩格斯在批判英国军队中存在的职务出售制度时，曾强调，“这种制度是传统的制度，很难废除”[①]。再比如，马克思尽管看到了机器的使用从技术上推翻了传统的分工制度，但是也明确指出其作为传统在工厂里依然延续并发挥重要影响，以至被资本利用得到“更系统的恢复和巩固”[②]。无论是恩格斯对传统军队制度的批判，还是马克思对传统分工制度的批判，都反映了传统制度中蕴含的制度形态传统文化所具有的稳固性特征，就像惯性力或者惰性力一样，牵拉着制度形态传统文化在新的时空境遇中发挥着过去的作用和影响。所以，把握马克思恩格斯语境中的制度形态传统文化，不仅要看到其受物质条件制约，随着物质条件的变化而变化，而且还要认识到它同时也呈现出一定的稳固性特征。

四、理论形态传统文化

理论形态传统文化也是马克思恩格斯语境中传统文化的基本形态之

---

① 马克思，恩格斯. 马克思恩格斯全集：第 15 卷. 北京：人民出版社，1963：652.

② 马克思，恩格斯. 马克思恩格斯全集：第 44 卷. 2 版. 北京：人民出版社，2001：485－486.

一，从某种程度上来说，马克思恩格斯语境中的传统文化，或者说马克思恩格斯所论述的传统文化，大多都是理论形态的传统文化。马克思主义的三大组成部分正是在对理论形态传统文化批判继承的基础上，由马克思恩格斯创立发展的。理解理论形态传统文化，要从理论文化入手。理论文化是和世俗文化相对的。那么，我们想要聚焦的马克思恩格斯语境中的理论形态传统文化，自然就是从过去延传下来的、有着一定影响的、理论专业性的文化形态。

一方面，马克思恩格斯语境中的理论形态传统文化强调意识形态层次的文化，如哲学、道德、法律、文学等，其中最具代表性的，也是马克思恩格斯论述最多的就是哲学。马克思恩格斯对于哲学这一理论形态传统文化有着明确的说法和界定。其一，马克思恩格斯从“时代精华”和“活的灵魂”的高度来认识哲学这一理论形态传统文化。马克思曾连用“三个最”，即“最美好”“最珍贵”“最隐蔽”来表达对哲学这一理论形态传统文化的赞美。可以说，马克思恩格斯用“时代精华”和“活的灵魂”，来鲜明地反映哲学这一重要的理论形态传统文化。其二，马克思恩格斯指明了理论形态传统文化产生发展的基础，强调理论体系的产生和发展总是以一定历史时期的经济、政治、文化的整体发展，以及这个时代的发展需要为现实基础的。当然，理论形态传统文化也不外乎在这样的基础上生根发芽。其三，马克思恩格斯还将理论形态传统文化视为文化发展水平的尺度。文化发展水平的衡量是有多重标准和尺度的，但是不得不说，理论形态传统文化是其中的重要一环。马克思恩格斯通过回溯古希腊和古罗马历史文明，进一步凸显理论形态传统文化是体现一个时代文明发展水平的最天然的历史尺度。

另一方面，马克思恩格斯语境中理论形态传统文化也包括非意识形态层次的文化，如科学、技术、知识、语言、艺术等。最为突出的、具有高度总结概括性的是，恩格斯所说的“文明中一切精致的东西，即科学、美术等等”①。它不仅反映了马克思恩格斯语境中理论形态传统文化的组成部分，包括以科学、美术等为代表的非意识形态文化，而且也点明了科学、美术等理论形态传统文化的“精品”特质。具体来说，在科技方面，虽然我们前面谈到，马克思恩格斯把科学技术看作生产力的

---

① 马克思，恩格斯. 马克思恩格斯全集：第 3 卷. 2 版. 北京：人民出版社，2002：480.

组成部分，是一种物质文化形态，但是科学技术也是非意识形态的理论文化的一部分，就像马克思所指出的，科学“既是观念的财富同时又是实际的财富”①。在语言方面，恩格斯从劳动和社会交往关系中揭示了语言的起源，认为“语言是从劳动中并和劳动一起产生出来的”②。就其本质来说，就是“语言是思想的直接现实”③。在艺术方面，就像前面已经说到的，马克思恩格斯认为古希腊的建筑等艺术至今依然提供着规范和范本。总之，以科技、语言、艺术等为代表的非意识形态文化，也包含在马克思恩格斯语境中理论形态传统文化之中。

五、地域形态传统文化

地域形态传统文化也是马克思恩格斯语境中传统文化的基本形态之一。和前面物质形态传统文化、观念形态传统文化、制度形态传统文化、理论形态传统文化相比，其特殊之处在于，明显地以地域空间作为划分依据。基于地域空间的差别，可以把传统文化的基本形态划分为不同的区间形态。在马克思恩格斯语境中，或者从马克思恩格斯的论述来看，从小的地域空间来说，有希腊文化、罗马文化、德国文化、法兰西文化、印度文化、中国文化等；从大的地域空间来看，分化出西方文化和东方文化。具体来说：

从小的地域空间来看，马克思恩格斯语境中地域形态传统文化有希腊文化、罗马文化、德国文化、法兰西文化、印度文化、中国文化等之分。小的地域空间也是国家和民族的不同指代。关于古希腊文化这里不再赘述，前面已经有所交代，当然这也构成了马克思恩格斯语境中地域形态传统文化的重要方面。关于欧洲文化，或者具体说是关于英法德文化，如果说古希腊罗马文化是欧洲古代文化的巅峰，揭开了欧洲古代文明的序幕；那么，英法德文化就是继中世纪之后欧洲近现代文化的集中代表者。从某种程度上来讲，英法德文化就是欧洲文化的最主要代表，就像恩格斯所说的那样，“文明的欧洲的三个大民族——英国人、德国人和法国人——在会上起了主导的作用，并且看来很值得人尊敬”④。

① 马克思，恩格斯. 马克思恩格斯全集：第30卷. 2版. 北京：人民出版社，1995：539.
② 马克思，恩格斯. 马克思恩格斯全集：第26卷. 2版. 北京：人民出版社，2014：762.
③ 马克思，恩格斯. 马克思恩格斯全集：第3卷. 北京：人民出版社，1960：525.
④ 马克思，恩格斯. 马克思恩格斯全集：第2卷. 北京：人民出版社，1957：668.

关于印度文化，由于英国入侵印度的这一事实，马克思恩格斯对印度这个国家以及印度文化也有一定的研究。用马克思的话来形容印度文化，就是“小小的半野蛮半文明”[①] 状态。说它是“半文明”的，主要是印度有着一定的古老手工业、印度文字以及独具特色的印度宗教；说它是“半野蛮”的，是因为印度带有东方传统的但于印度而言表现为四处残存的村社。关于中国文化，马克思恩格斯其实也是有着较为集中的关注和阐述的。整体来看，可以从马克思恩格斯关于近代中国社会经济结果的研判、关于鸦片贸易罪恶实质的披露、关于西方列强入侵中国行径的论析、关于中国人民反抗侵略斗争的论述、关于中国革命及其前途命运的预测、关于对西方资产阶级新闻本质的揭露[②]这六个方面来分析。当然，除此之外，马克思恩格斯也围绕俄国文化、拜占庭文化有过论述，这里就不具体说明了。总之，马克思恩格斯语境中地域形态传统文化围绕民族国家的不同，呈现出多样性。

从大的地域空间来看，马克思恩格斯语境中地域形态传统文化主要有西方文化和东方文化之别。具体来说：其一，马克思恩格斯语境中的西方传统文化，主要指欧洲文化，这是从地域空间直观反映出来的。如果从时间跨度来看，西方文化又有着古今之分，毕竟随着工业革命的兴起，西方社会从传统的封建社会过渡到资本主义社会。具体到文化领域，基于文艺复兴和启蒙运动的开展，古代西方文化也转变为近现代西方文化。由此，古代西方传统文化主要就是古希腊罗马文化、中世纪神学文化，近现代西方传统文化则是以英法德为中心的西方资产阶级文化。其二，马克思恩格斯语境中的东方传统文化，无疑是对亚洲文化的一种别称。不过需要注意的是，马克思恩格斯并没有明确提出过这一概念，这是从他们关于中国文化、印度文化等的论述中反映出来的。所以，马克思恩格斯语境中的东方传统文化也是对中国文化和印度文化等亚洲文化的反映。当然，不同于西方文化有古今之分，在马克思恩格斯的视野中，东方文化发展程度不高，始终没有跳出封建专制的圈子，因而也就只有东方传统文化，并未出现东方近现代文化。

---

① 马克思，恩格斯. 马克思恩格斯全集：第12卷. 2版. 北京：人民出版社，1998：142.

② 王易，单文鹏. 读懂中国的理论基点：《马克思恩格斯论中国》新读. 北京：红旗出版社，2020：17－43.

第三节　马克思恩格斯传统文化观的研究视角

不同的研究视角不仅会产生不同的研究思路，还会带来不一样的研究结果。具体到马克思恩格斯传统文化观的研究领域，采取何种研究视角，也是剖析马克思恩格斯对待传统文化的立场、观点、方法首先需要确定的。马克思恩格斯传统文化观是传统文化研究领域的前沿性、基础性、综合性问题，对其深入研究既是树立正确传统文化观的必然要求，也是正确认识马克思主义和中国传统文化关系的重要要求，同时还是更好实现中华优秀传统文化创造性转化、创新性发展的应有之义。马克思恩格斯虽然没有关于文化的专门论述，但是在其卷帙浩繁的著述中，不乏关于文化内涵、本质和作用等问题的探讨。回顾学界关于马克思恩格斯传统文化观的研究历程，学界围绕马克思恩格斯传统文化观已经进行了不少研究，学术成果也较为丰硕，整体呈现为回溯视角、关联视角、映射视角和综合视角四种主要的研究视角。

一、回溯视角：挖掘马克思恩格斯传统文化观的思想渊源

文化作为人所特有的实践活动和对象化的产物，是一定时空境遇下人们生产生活方式的历史积淀和时代展现。因此，文化是随着人类社会发展而不断变化的，其必然带有历史的印记。这就决定了研究马克思恩格斯传统文化观，必须从历史的维度探寻其生发源头，并在此基础上梳理文化形成发展的历史轨迹和一般规律。如果将马克思主义视为一种文化现象，那么它的发展就深深植根于人类文明的璀璨星河。正如列宁所指出的：“它绝不是离开世界文明发展大道而产生的一种故步自封、僵化不变的学说。恰恰相反，马克思的全部天才正是在于他回答了人类先进思想已经提出的种种问题。他的学说的产生正是哲学、政治经济学和社会主义极伟大的代表人物的学说的直接继续。”① 这充分体现了从历史渊源的角度来揭示和反映马克思主义理论体系的必要性和重要性。具体到马克思恩格斯传统文化观的研究上来，亦需要在历史渊源的纵深之

① 列宁．列宁专题文集：论马克思主义．北京：人民出版社，2009：66－67．

处，挖掘文化形成发展的源与流，进而提炼概括马克思恩格斯对待文化及其相关问题的立场、观点和方法。具体反映在研究视角上，就是马克思恩格斯传统文化观研究的回溯视角。

回溯视角，即采取逆向思维的研究思路，以文化产生发展的根源为靶心，反向推导，深度挖掘文化及其相关问题产生发展的历史渊源，在回溯式的剖析中，总结归纳马克思恩格斯传统文化观。回溯视角在马克思恩格斯传统文化观研究中是比较常见的研究思路和方法。一方面，就回溯视角的地位及其阐释而言。有学者直接强调回溯式研究是最佳途径，指出："进入马克思思想——马克思主义的本质核心——的最佳途径是研究它在这一传统母体中的起源"，进一步强调"我们要做的将是回溯与历史性结构的一瞥，以图从它那些自身历史性展开的基本要素去建立（或重构）马克思主义的这一综合。"① 马克思恩格斯传统文化观的产生绝不是空穴来风，而是植根于传统思想文化的深厚土壤。研究马克思恩格斯传统文化观就要准确把握马克思恩格斯是如何对待旧文化、创造新文化，如何在"传统母体"中抛弃腐朽、焕发新生。另一方面，就回溯视角的作用及其发挥而言。有学者着眼于马克思主义产生的思想文化背景，间接地体现回溯视角的作用，从基督教传统、形而上学传统、人文主义传统和科学（主义）的传统②四个方面来梳理近代欧洲主流传统，进而提取蕴含其中的"本体论"思想内核，通过分析马克思恩格斯对待欧洲传统文化的科学态度及辩证方法，来反映马克思恩格斯对欧洲传统文化的批判超越，不断加深对马克思恩格斯传统文化观的理解和把握。总之，回溯视角是理解和把握马克思恩格斯传统文化观的重要视角，关系到马克思恩格斯传统文化观的起源与发展。只有在历史溯源的过程中，才能厘清马克思恩格斯传统文化观形成发展的来龙去脉。

任何思想理论的形成发展都离不开思想资源。马克思恩格斯关于传统文化的系列论述，最直接的来源就是德国传统文化和文化人类学。因此，围绕德国传统文化和文化人类学的影响来阐释马克思恩格斯关于传统文化的思想观点成为回溯视角下马克思恩格斯传统文化观研究的基本线索。一方面，在考察德国古典哲学对马克思恩格斯的影响下，逐步形成马克思恩格斯文化观，反映马克思恩格斯对待传统文化的科学态度。

① 伯尔基. 马克思主义的起源. 上海：华东师范大学出版社，2007：3－4.

② 张允熠. 马克思主义形成背景中的欧洲文化传统. 马克思主义研究，2012（6）.

有学者指出：“在这种唯物史观同德国古典哲学的历史联系中，内含（或隐含）着马克思的文化概念同德国先辈的文化概念的血缘关系。”① 也有学者明确强调：“维柯和德国古典哲学关于文化哲学的思想都是前马克思时期的思想遗产。”② 另一方面，在分析文化人类学对马克思恩格斯的影响下，逐步从文化上求解人类历史之谜，同时折射出马克思恩格斯对待传统文化的科学态度。有学者在考察摩尔根理论成果的基础上，指出马克思恩格斯在一个新的高度揭示文化发展的统一性和规律性③，进而强调对待文化包括史前社会文化，要从表现形态的多样性和发展演进的一致性来把握。总之，把握马克思恩格斯对待传统文化的科学态度，需要围绕德国传统文化和文化人类学的影响，离不开对德国传统文化和文化人类学影响的分析。

采取回溯视角研究马克思恩格斯传统文化观具有合理性。文化是处于一定社会形态中的人们为适应和改造生存环境而进行的实践产物，这一特殊性就决定了研究马克思恩格斯对待文化及其相关问题的根本态度和基本观点必须“回头看”，即要逆向沿着人们实践发展的过程，探寻文化生发源头，把握文化何以生发的内在动力，找准文化历久弥新的宝贵资源。只有通过回溯视角，才能挖掘马克思恩格斯传统文化观形成发展的活水源头。当然，回溯视角也存有理论缺陷，具有重古轻今、重本轻末的错误倾向。基于文化的特殊性，采取回溯视角是必要的，但不能在一味强调“回头看”的过程中迷失方向，必须将“回头看”与“朝前看”有效地结合起来，既要挖掘马克思恩格斯传统文化观形成发展的历史渊源，又要体现马克思恩格斯传统文化观研究的与时俱进，实现历史性和时代性的有机统一。

二、关联视角：剖析马克思恩格斯的思想与古人思想的承继关系

文化不同于自然存在物，它是人们精神活动的产物，具有明显的属人性。“文化是人创造的，而人又是文化的产物，把人与文化割裂开来，

① 王仲士. 马克思的文化概念. 清华大学学报（哲学社会科学版），1997（1）.

② 黄力之. 马克思主义与资本主义文化矛盾. 开封：河南大学出版社，2010：62.

③ 胡海波，郭凤志. 马克思、恩格斯文化理论：一个被遮蔽的唯物史观的重要视域. 学术月刊，2010（1）.

既不能正确理解文化也不能正确理解人。"① 由此，有学者就以马克思恩格斯与他人思想的碰撞为切入口，捕获马克思恩格斯对待文化及其相关问题的根本态度和基本观点。马克思恩格斯传统文化观的形成发展与他人思想有着密切关联，最具代表性的就是马克思恩格斯对黑格尔哲学"合理内核"的批判继承与超越，主张"从它的本来意义上'扬弃'它，就是说，要批判地消灭它的形式，但是要救出通过这个形式获得的新内容"②。还有就是对费尔巴哈哲学"基本内核"的批判继承和超越，他们认为费尔巴哈哲学是"半截子"唯物主义，"不满意抽象的思维而喜欢直观；但是他把感性不是看做实践的、人的感性的活动"③。在马克思恩格斯和他人思想的相互联系、相互作用中，展现马克思恩格斯对待思想文化遗产所持有的批判继承态度，提炼马克思恩格斯传统文化观的具体内容。具体反映在研究视角上，就是马克思恩格斯传统文化观研究的关联视角。

关联视角，即将马克思恩格斯对待文化及其相关问题的态度观点置于人类思想文化发展的长河中，通过剖析马克思恩格斯与他人所创造的思想文化之间的关系，展示马克思恩格斯传统文化观所形成发展的独特内容。运用关联视角研究马克思恩格斯传统文化观的主要表现有：其一，从文化发展历史长河中，把握马克思恩格斯传统文化观的前后关联。有学者指出："马克思的源头比他自己感觉到的还要深远。我可以揭示这样的结果：连接亚里士多德与马克思的这条线，远比马克思到斯大林的那条线紧密。"④ 刻画了从亚里士多德到马克思再到斯大林的发展脉向，展示了马克思恩格斯传统文化观与他人思想文化之间的承继关系。其二，聚焦文化的关联内容，透视马克思恩格斯传统文化观的思想源泉。有学者从关联的具体内容，进一步佐证关联视角的重要作用，指出："古人为他提供了泉源，滋养了他对未来梦想和希望、构造了他对人类的景象。"⑤ "希腊城邦、希腊精神的实质，尤其还有亚里士多德，为马克思提供了古典的理想，从中马克思为其共有财富和共同体观念汲取了大量

① 陈先达. 文化自信中的传统与当代. 北京：北京师范大学出版社，2017：4.

② 马克思，恩格斯. 马克思恩格斯文集：第4卷. 北京：人民出版社，2009：276.

③ 马克思，恩格斯. 马克思恩格斯文集：第1卷. 北京：人民出版社，2009：501.

④ 阿伦特. 马克思主义与西方政治思想传统. 2版. 南京：江苏人民出版社，2012：6.

⑤ 麦卡锡. 马克思与古人：古典伦理学、社会正义和19世纪政治经济学. 上海：华东师范大学出版社，2011：27.

洞见和远景。”① 其三，在区分狭义和广义的基础上，阐明马克思恩格斯传统文化观的理论基础。有学者强调马克思恩格斯的思想“并非‘横空出世’，而是在西方文化的早期根基上形成”②。并且从狭义和广义两个层面，来标识马克思主义与德国古典哲学、英国古典政治经济学、英法空想社会主义，以及与古希腊传统、基督教传统的传承序列。马克思恩格斯对待传统文化及其相关问题的立场、观点和方法不是孤立的，某种程度上是思想承续发展的结果。从这个角度来说，关于马克思恩格斯传统文化观的研究，必然需要用关联视角来审视和把握其内涵实质。

文化包括传统文化作为人类生活的重要表征，从未脱离唯物史观的理论视野。厘清马克思恩格斯传统文化观，就必然要回到唯物史观中，在唯物史观的形成确立过程中，勾勒马克思恩格斯对待传统文化的立场、观点和方法。从理论产生的视角审视马克思恩格斯传统文化观同唯物史观的关联性，有学者指出：“唯物史观的创立与马克思、恩格斯文化理论的形成乃是同生的两个方面。”③ 马克思恩格斯在对宗教批判、法哲学批判、政治经济学批判和意识形态批判等的基础上，实现了对文化史观的逐步矫正。与此同时，也达到了对政治、经济、文化三大领域的整体性把握和认知，实现人类社会历史规律的唯物主义解读。从理论演化的视角审视马克思恩格斯传统文化观同唯物史观的关联性，有学者从自我意识、市民社会批判和历史规律三个层面，揭示出马克思恩格斯的文化思想，包括对待传统文化的科学态度“不是偶然的闪光，而是贯穿于他早年到暮年的哲学探索，贯穿于他哲学创造的各个层面”④。从理论立场的视角审视马克思恩格斯传统文化观同唯物史观的关联性，有学者明确指出，马克思恩格斯关注文化与传统文化问题，最终的目标在于完善唯物史观⑤。马克思恩格斯毕生都在创立完善唯物史观，其中文化及传统文化问题也是相伴相生的。所以，无论是理论的生成、演化，

① 麦卡锡. 马克思与古人：古典伦理学、社会正义和19世纪政治经济学. 上海：华东师范大学出版社，2011：29.

② 伯尔基. 马克思主义的起源. 上海：华东师范大学出版社，2007：39.

③ 胡海波，郭凤志. 马克思、恩格斯文化理论：一个被遮蔽的唯物史观的重要视域. 学术月刊，2010（1）.

④ 何萍. 马克思的文化哲学及其传统. 南京大学学报（哲学·人文科学·社会科学），2008（6）.

⑤ 邹广文. 论马克思文化观的逻辑结构. 东岳论丛，1991（3）.

抑或是理论观点所秉持的价值立场，都揭示出马克思恩格斯传统文化观与唯物史观的创立完善有着密切关联。

采取关联视角研究马克思恩格斯传统文化观是必要且正确的。文化是连接古与今的重要纽带。研究马克思恩格斯对待文化及其相关问题的立场、观点和方法，必须将其放置于人类思想文化发展的历史纵深中，在对他人所创造思想文化遗产的批判继承中，体现马克思恩格斯对待文化及其相关问题的基本态度，进而提炼概括马克思恩格斯的文化观。但是，关联视角也有其自身的局限，容易造成重关系轻内容、重过程轻结果的错误倾向。不能念偏、更不能念错马克思恩格斯传统文化观研究的“经”。研究马克思恩格斯传统文化观需要历史感，但不要走到思想史研究、历史研究的道路上去。所以，要把握马克思恩格斯传统文化观的研究边界，凸显文化这一研究对象，避免滑向思想史研究、历史研究的泛化泥潭。

三、映射视角：透视马克思恩格斯对其他文化的批判态度

文化是一个国家、一个民族的灵魂，各具特色的民族文化共同构成人类文化的繁荣景象。在马克思恩格斯卷帙浩繁的著述中，可以发现马克思恩格斯对古希腊文化、德国文化、俄国文化、中国文化等都有过系列论述。比如，马克思恩格斯高度评价古希腊文化，认为其至今还继续给我们以艺术的享受，而且在某些方面还作为一种标本和不可企及的规范①；马克思恩格斯认为英法德文化就是欧洲文化的最主要代表，“文明的欧洲的三个大民族——英国人、德国人和法国人——在会上起了主导的作用”②，并对资本主义文化进行了集中彻底的批判；此外，马克思恩格斯还较为集中地阐释了中国文化，主要是强调其建立于“依靠小农业与家庭工业相结合而存在”的近代中国社会经济结构等。那么，学界关于马克思恩格斯传统文化观的研究，相当一部分就是聚焦于某一特定的文化形态，通过对该特定文化形态的剖析，来体现马克思恩格斯的文化观。具体反映在研究视角上，就是马克思恩格斯传统文化观研究的映射视角。

映射视角，即选取某一特定形态的文化，通过对该形态文化的深入分析，以小见大、由特殊到普遍，来透视马克思恩格斯对待文化及其相

---

① 马克思　恩格斯　列宁　斯大林论文艺. 2 版. 北京：人民文学出版社，1953：65.

② 马克思，恩格斯. 马克思恩格斯全集：第 2 卷. 北京：人民出版社，1957：668.

关问题的基本态度及其方法。综合映射视角在马克思恩格斯传统文化观研究中的体现，主要有以下三种：首先，在唯物史观视域下，透视马克思恩格斯对待资本主义文化的批判观点。有学者指出，唯物史观的创立包含着马克思早期对资产阶级旧社会精神性存在的否定和扬弃，即文化批判，强调马克思恩格斯从宗教批判、道德批判、哲学批判深入到经济批判，“实现了文化批判的革命性变革”，将“批判的武器上升为武器的批判”①。其次，在坚持科学态度的前提下，把握马克思恩格斯推动文化发展的辩证方法。有学者指出，马克思恩格斯以深厚的学养和辩证的态度全面审视了资本主义文化，并把对资本主义文化的批判置于科学性与革命性相统一的理论基础上②。也有学者进一步指出：“资本主义文化是内含精华与糟粕的统一体，……既要充分肯定传统文化的精华对社会历史发展的进步作用，又要敢于揭露文化糟粕的实质，并加以批判和摒弃。”③ 最后，在放眼东方社会的基础上，明确马克思恩格斯对待中国传统文化的历史唯物主义立场。有学者以中国传统文化为代表，认为马克思恩格斯在肯定中国人民的文化创造成就的同时，强调要“以历史主义的科学态度对中国传统文化生态展开了批判”④。可见，学界在研究马克思恩格斯传统文化观时，较为重视马克思恩格斯对某一特定文化形态的阐释，通过挖掘马克思恩格斯就特定文化形态的论述，来映射马克思恩格斯对待文化及其相关问题的立场、观点和方法。

人的解放与自由全面发展，不仅贯穿于马克思主义的始终，也决定着马克思恩格斯传统文化观的价值取向。而理解和把握马克思恩格斯传统文化观所蕴含的价值取向必须诉诸映射视角。马克思恩格斯不仅关注人的问题，而且还把实现人的解放与自由全面发展作为最终归宿。从马克思主义整体性出发，有学者强调把握马克思恩格斯传统文化观，剖析马克思恩格斯对待传统文化的科学态度，不应该同马克思主义整个学说

① 刘卓红，卢文忠. 唯物史观创立进程中的马克思早期文化批判研究. 马克思主义研究，2013 (8).

② 王婷，胡海波.《共产党宣言》对资本主义文化的批判性阐释. 学术探索，2018 (11).

③ 韩美群，刘挚成. 马克思主义传统文化观探微：基于《共产党宣言》的文本分析. 中南民族大学学报（人文社会科学版），2019 (2).

④ 胡海波，郭凤志. 马克思恩格斯对中国传统文化生态的评判及意识形态期待. 马克思主义研究，2016 (6).

割裂开来，而是需要“紧紧围绕人和人的解放这一主题”①。这一主题是对马克思主义整个学说价值追求的概括，也应该成为马克思恩格斯对待传统文化科学态度的价值取向。从马克思恩格斯的理想追求出发，“最能为人类福利而劳动”的崇高精神理想深深埋在马克思恩格斯心中，他们所有的理论研究和革命实践都由此展开。所以，应该从理想追求的角度，来把握马克思恩格斯对待传统文化的科学态度。可见，相对马克思主义整个学说，更微观的文化问题以及传统文化问题，不应该囿于文化的狭隘范围，同样应该紧扣人和人的解放这一主题，在马克思恩格斯为人类解放而奋斗的毕生理论创作和革命实践中，全面把握马克思恩格斯对待传统文化的科学态度，充分彰显传统文化的时代价值。

采取映射视角研究马克思恩格斯传统文化观具有积极作用。文化是经由历史凝聚而延传着、流变着、发展着的诸文化因素构成的有机系统，其内含着不同类型的文化。通过剖析马克思恩格斯对待和分析资本主义文化、中国传统文化等文化形态的立场、观点和方法，不仅可以把具有一定抽象性的文化具体化，而且能够较为直接地体现马克思恩格斯对待文化的基本态度。然而，映射视角也有其理论缺陷，就是如何处理特定形态的文化与普遍意义上的一般文化的关系，如何把握文化发展过程中特殊性和普遍性的关系，如何从马克思恩格斯具体的文化论述中抽象出一般的关于认识文化问题的基本思路和方式。这是在研究马克思恩格斯传统文化观过程中需要作出回答的。

四、综合视角：分析马克思恩格斯关于传统文化的系列论述

文化问题是马克思恩格斯在创立和发展唯物史观过程中始终关注的重点问题，虽然马克思恩格斯没有关于文化及其相关问题的专门著述，但是在马克思恩格斯的经典著作中，均渗透着他们对待文化及其相关问题的根本态度和基本观点。“每一时代的社会经济结构形成现实基础，每一个历史时期的由法的设施和政治设施以及宗教的、哲学的和其他的观念形式所构成的全部上层建筑，归根到底都应由这个基础来说明”②，“政治、法、哲学、宗教、文学、艺术等等的发展是以经济发展为基础

① 邹广文. 论马克思文化观的逻辑结构. 东岳论丛，1991 (3).

② 马克思，恩格斯. 马克思恩格斯文集：第 9 卷. 北京：人民出版社，2009：29.

的。但是，它们又都互相作用并对经济基础发生作用”①，类似这些论述，无不反映着马克思恩格斯关于文化的内涵、本质和作用等基本问题的观点。所以，学界在研究马克思恩格斯的文化观时有着这么一种视角思路，即系统把握马克思恩格斯关于文化及其相关问题的论述，在对其综合分析的基础上，展示马克思恩格斯的文化观的整体轮廓。具体反映在研究视角上，就是马克思恩格斯的文化观研究的综合视角。

综合视角，即通过对马克思主义经典著作的深入挖掘，摘取马克思恩格斯关于文化及相关问题的系列论述，秉承宏观整体的研究视野，从具体到抽象、从个别到一般，力求呈现马克思恩格斯的文化观的整体样貌。

一是直接摘取代表性论断，反映马克思恩格斯传统文化观的具体内容。有学者摘取“正确理解‘最彻底的决裂’、意识形态的发展‘必须首先从已有的思想材料出发’、不同社会发展阶段之间存在着‘共同的历史背景’，以及对黑格尔哲学的批判继承”② 等论断，以此来直观概述马克思恩格斯的文化观，反映马克思恩格斯对待文化及其相关问题的基本态度。以马克思恩格斯对待传统文化的“决裂”态度为例，传统文化作为过去社会形态的产物，必然带有脱胎于旧社会的痕迹，其中不能满足社会发展需要、阻碍社会发展的消极因素，应该而且必须同其“决裂”。就目前的研究成果来看：其一，以“两个彻底决裂”为文本依据，剖析“决裂”态度。马克思恩格斯提出：“共产主义革命就是同传统的所有制关系实行最彻底的决裂；毫不奇怪，它在自己的发展进程中要同传统的观念实行最彻底的决裂。”③ “同传统的观念实行最彻底的决裂”在某种程度上反映了马克思恩格斯对待传统文化的“决裂”态度。围绕“两个彻底决裂”的翻译和理解问题，学界展开了广泛讨论④。就像有学者指出的那样，“不能把‘同传统的观念实行最彻底的决裂’歪曲为全盘否定传统文化的虚无主义”⑤。既不能把马克思恩格斯“两个彻底

① 马克思，恩格斯. 马克思恩格斯文集：第 10 卷. 北京：人民出版社，2009：668.

② 钱逊. “决裂”、继承、发展：马克思主义对待传统文化的态度. 清华大学学报（哲学社会科学版），1996（4）.

③ 马克思，恩格斯. 马克思恩格斯文集：第 2 卷. 北京：人民出版社，2009：52.

④ 宋书声，杨金海，蒋仁祥. 关于《共产党宣言》中“两个决裂”论断的翻译和理解：与俞吾金同志商榷. 马克思主义与现实，2010（5）.

⑤ 沈步珍，周太山. 论《共产党宣言》中的“两个彻底决裂”思想. 武汉大学学报（人文科学版），2009（5）.

决裂”中的传统观念等同于一般的传统观念，又不能把传统观念等同于传统文化。其二，从马克思恩格斯关于传统及传统文化的论述中，提炼“决裂”态度。有学者以是否推动社会发展和人类进步为标准，将传统及传统文化所具有的作用，分为历史推动力和惰性力①。毋庸置疑，不利于社会发展和人类进步的具有历史惰性力的消极部分，就是所要“决裂”的内容。

二是分门别类抽取提炼，展示马克思恩格斯传统文化观的整体样态。一方面，从横向来看，有学者根据不同阐述，从马克思恩格斯的文化观与唯物史观的关联、文化批判观、文化发展观、社会主义文化建设思想②等方面，把马克思恩格斯的文化观具体化为几个不同子问题，由此考察马克思恩格斯的文化观的整体系统。学界在对马克思恩格斯传统文化转化观中“转化”条件的理解上，体现着显著的理论整体性。传统文化作为思想资源，其中蕴含着支撑或者助力无产阶级文化建设发展的文化因子。马克思恩格斯强调在一定条件基础上，对传统文化进行批判转化。目前学界集中围绕传统文化转化发展的条件进行了探讨。一是传统文化的批判转化必须依循现实生活的变革发展。有学者研判“文化根源于社会生活的马克思主义文化观的根本原则”③。传统文化的产生、发展、消亡是生产力和生产关系矛盾运动的必然结果。这就决定了传统文化的批判转化必须依循人类社会的物质生活、物质交往等。二是传统文化的批判转化必须从已有的思想材料出发。有学者强调意识形态“总是从已有的思想资料出发，形成一个前后相继的相对独立的发展过程”④。任何领域的思想观念，无论是哲学的、宗教的，还是文艺的，都必须在已有的思想材料的基础上批判转化而来。所以，“从已有的思想材料出发”是传统文化批判转化的重要前提条件。三是传统文化的批判转化必须满足主体的现实需要与思维习惯。有学者根据传统以及传统文化的属人性，提出要“根据自己的现实需要和思维习惯来对待传统”⑤。人们对待传统文化必然离不开自身的需要，同时也受制于已有

---

① 骆郁廷，王瑞. 论马克思、恩格斯的传统观及其启示. 马克思主义哲学研究，2014 (1).

② 唐忠宝. 马克思恩格斯文化观的新考察. 重庆社会科学，2012 (1).

③ 胡海波. 马克思恩格斯文化观研究. 长春：东北师范大学，2010.

④ 钱逊. “决裂”、继承、发展：马克思主义对待传统文化的态度. 清华大学学报（哲学社会科学版），1996 (4).

⑤ 骆郁廷，王瑞. 论马克思、恩格斯的传统观及其启示. 马克思主义哲学研究，2014 (1).

的思维习惯。对待传统文化，就需要根据自身利益和思维来解读、取舍和转化。另一方面，从纵向来看，有学者依循变化轨迹，从马克思早期的文化观，新世界观形成时期的马克思恩格斯的文化观，马克思恩格斯的文化观的发展与完善，马克思恩格斯的文化观的革命性变革①等方面，分时期阐释不同阶段马克思恩格斯的文化观的异同，从而梳理马克思恩格斯的文化观的历史脉络。

三是依循相关划分标准，体现马克思恩格斯传统文化观的逻辑层次。有不少学者依据不同的划分标准，从彻底决裂观、批判继承观和创新发展观②，肯定之维、否定之维、超越之维③，去芜与存菁、批判与变革、民族性与世界性④等维度，阐释马克思恩格斯的文化观的层次差异。需要强调的是，马克思恩格斯传统文化观的逻辑层次之间不是相互割裂的，不同层次的文化观之间有着深刻的关联性。马克思恩格斯强调与传统文化实现“决裂”和转化的最终指向是文化发展，这是马克思恩格斯传统文化观的出发点和落脚点。把握马克思恩格斯传统文化发展观，首先要明晰创新发展传统文化的根本指向。列宁明确指出：“马克思主义这一革命无产阶级的思想体系赢得了世界历史性的意义，是因为它并没有抛弃资产阶级时代最宝贵的成就，相反却吸收和改造了两千多年来人类思想和文化发展中一切有价值的东西。只有在这个基础上，按照这个方向，……才能认为是发展真正的无产阶级文化。”⑤ 马克思恩格斯通过创新发展传统文化，根本目的在于建设发展服务于无产阶级革命实践的先进文化，这是基本达成共识的。其次还要深刻理解马克思恩格斯如何推动传统文化创新发展。学界在此方面也有着丰富的研究成果。有学者通过研判人类文明历史发展所呈现出的规律，指出马克思恩格斯根据文明发展的历史情形，揭示了由低级向高级上升发展、不同地域民族文明发展不同步、先进文明战胜落后文明、文明构成要素和发展条件只有保持协调平衡关系才能发展、创新能够加速文明发展进程、由

---

① 胡海波. 马克思恩格斯文化观研究. 长春：东北师范大学，2010.

② 魏海涛. 马克思主义传统文化观的三维阐释及当代启示. 高等教育评论，2018（1）.

③ 王婷，胡海波.《共产党宣言》对资本主义文化的批判性阐释. 学术探索，2018（11）.

④ 韩美群，刘挚成. 马克思主义传统文化观探微：基于《共产党宣言》的文本分析. 中南民族大学学报（人文社会科学版），2019（2）.

⑤ 列宁. 列宁选集：第4卷. 3版. 北京：人民出版社，1995：299.

地域民族向世界文明发展等规律[①]。这既是人类文明发展的一般规律，也是传统文化创新发展的重要遵循。总之，马克思恩格斯的经典著作是研究马克思恩格斯的文化观的直接文本依据，只有在卷帙浩繁的著述中探微，才能挖掘出马克思恩格斯对待文化及其相关问题的基本观点。

采取综合视角研究马克思恩格斯传统文化观是研究走向深处的必然要求。马克思恩格斯对待文化及其相关问题的立场、观点、方法，散见于马克思恩格斯的经典著作之中。采取综合视角，有助于保证马克思恩格斯的文化观研究的“原汁原味”，这是其他研究视角所不具备的。然而，综合视角也有其局限性，容易造成重文本、轻脉络的错误倾向。从狭义上来看，缺乏对马克思恩格斯思想发展脉络的分析，综合视角的运用主要是摘取文本，容易忽视马克思恩格斯思想发展的过程；从广义上来看，缺乏对人类社会文化发展历史长河的把握，只注重马克思恩格斯的相关论述，历史发展纵深的视野很少能够充分体现。

第四节　马克思恩格斯传统文化观的时代价值

马克思主义科学理论体系中无不深刻地体现着对以往思想文化的继承和发展，蕴含着对待传统文化的立场、观点和方法。着力探讨马克思恩格斯对待传统文化的基本立场、观点和方法，既是深化马克思主义基本原理同中华优秀传统文化相结合的必然要求，也是系统把握马克思恩格斯文化思想的重要环节，同时还是推动中华优秀传统文化创造性转化、创新性发展的理论支撑。

一、深化马克思主义基本原理同中华优秀传统文化相结合的必然要求

在庆祝中国共产党成立 100 周年大会上，习近平总书记明确提出：“坚持把马克思主义基本原理同中国具体实际相结合、同中华优秀传统文化相结合。”[②] 如何既坚持马克思主义的指导地位，又保证中华文明永不断流，从而正确处理马克思主义和中国传统文化的关系，是需要我

① 夏泽宏. 马克思恩格斯的文明思想研究. 武汉：武汉大学，2013.

② 习近平. 在庆祝中国共产党成立 100 周年大会上的讲话. 北京：人民出版社，2021：13.

们做出理论回答和实践回应的。

马克思恩格斯传统文化观从理论基点的角度，某种程度上提供了处理马克思主义和中国传统文化关系的“金钥匙”。东圣西圣，心同理同①。从宏观上来看，理顺马克思主义和中国传统文化的关系，就是要根据时代要求，对中国传统文化的思想内容和思想形式进行马克思主义的阐释，继而上升至理论指导的高度，不断成为中国化马克思主义的内容。马克思恩格斯传统文化观在一定程度上实现了坚持马克思主义的指导地位和批判继承中华优秀传统文化的有机统一。从微观上来讲，马克思恩格斯在深刻把握传统文化特点的基础上，表明了对待传统文化的基本态度，形成了马克思恩格斯对待传统文化的科学态度，为我们批判继承中华优秀传统文化提供了理论指导，很好地把马克思主义和中国传统文化拉到了实现融合的同一条战线上。所以，深入把握马克思恩格斯传统文化观，是正确认识马克思主义基本原理同中华优秀传统文化相结合的必然要求。

二、系统把握马克思恩格斯文化思想的重要环节

马克思恩格斯在创立唯物史观的过程中，对文化的基本问题进行了探索和论述，初步形成了包括文化的内涵、本质和作用等基本问题在内的马克思恩格斯文化思想。传统文化作为文化的特有类型，马克思恩格斯在具体的文化问题阐释中，也流露出关于传统文化的根本态度和基本观点。

系统把握马克思主义科学理论体系，尤其是马克思恩格斯文化思想，内在地要求必须正确认识马克思恩格斯传统文化观。一方面，传统文化处于文化发展历史链条的“起点”。马克思恩格斯传统文化发展观的内在逻辑，是在坚持唯物史观这一根本立场的前提下，通过对传统文化的批判继承，在着力对资本主义文化批判的基础上，建设发展无产阶级文化。由此，我们可以知道传统文化在马克思恩格斯传统文化发展观中处于“起点”的位置，系统把握传统文化是马克思恩格斯传统文化发

① “东圣西圣，心同理同”出自陆九渊的《陆象山全集》，原文为：“东海有圣人出焉，此心同也，此理同也。西海有圣人出焉，此心同也，此理同也。南海北海有圣人出焉，此心同也，此理同也。千百世之上，有圣人出焉，此心同也，此理同也。千百世之下，有圣人出焉，此心同也，此理同也。”（陆九渊．陆象山全集．北京：中国书店，1992：247）

展观的必然要求。另一方面，马克思恩格斯对待传统文化的基本观点以及所采用的科学方法，是马克思恩格斯传统文化批判观的重要组成部分。马克思恩格斯传统文化批判观，主要是针对资本主义文化的批判性阐释，但是其中也不乏对传统文化的系列论述。马克思恩格斯深受古希腊传统、犹太基督教传统、形而上学传统等的影响，认为传统文化不是陈列的“旧古董”，不能像“管家婆”似的照搬照抄，必须于鲜活的历史和实践中进行批判和继承。所以，如何正确认识和对待传统文化，是系统把握马克思恩格斯文化思想必须面对的重大理论和实践问题。

三、推动中华优秀传统文化创造性转化、创新性发展的理论支撑

推动中华优秀传统文化创造性转化、创新性发展①，既是坚守中华民族传承和发展的根本实践路径，也是新时代建设社会主义文化强国的必然选择。但这绝不是机械的历史重复，必须在马克思恩格斯传统文化观的指导下，有效创造、有质创新。

回答好这一重大时代课题，必然要求充分发挥马克思恩格斯传统文化观的指导作用，以更好地夯实其理论根基。作为上层建筑的传统文化，其转化与发展归根到底是由经济所决定的，必然要以经济基础为轴心而循序上升。这就决定了必须立足于新的历史方位，着眼于社会主要矛盾的变化，在新时代经济框架内，激活其永不褪色的价值。此外，马克思恩格斯传统文化观也在守正创新方面，给予方法论指导。马克思恩格斯传统文化观从守正与创新的辩证关系角度，系统回答了“传统文化中哪些内容应该被留存和继承，以及如何实现传统文化的创造性转化、创新性发展”这一根本问题，为科学处理源与流、古与今、中与外的关系问题提供了理论指导。所以，只有坚持马克思恩格斯传统文化观，才能在与时代结合、与世界接轨、与未来对话中，有效推动中华优秀传统文化的赓续传承和创新发展。

---

① 《习近平新时代中国特色社会主义思想学习纲要》中对创造性转化、创新性发展进行了明确界定：“创造性转化，就是要按照时代特点和要求，对那些至今仍有借鉴价值的内涵和陈旧的表现形式加以改造，赋予其新的时代内涵和现代表达形式，激活其生命力。创新性发展，就是要按照时代的新进步新发展，对中华优秀传统文化的内涵加以补充、拓展、完善，增强其影响力和感召力。”（中共中央宣传部．习近平新时代中国特色社会主义思想学习纲要．北京：人民出版社，2019：147）

第二章　马克思恩格斯传统文化批判观

马克思恩格斯传统文化批判观是其传统文化转化观和传统文化发展观的基础和前提。所以，有必要首先剖析马克思恩格斯传统文化批判观，为把握马克思恩格斯传统文化转化观和传统文化发展观奠定基础。马克思恩格斯对待传统文化的立场、观点和方法，最具代表性的当属《共产党宣言》中的"两个彻底决裂"的重要论断。这个论断也是马克思恩格斯传统文化批判观的重要组成部分，即有前提的"决裂"。把握马克思恩格斯传统文化批判观，必须廓清"两个彻底决裂"，即传统所有制关系和传统观念的基本内涵，在此基础上厘清马克思恩格斯语境下的传统观念和一般传统观念、传统观念和传统文化、彻底决裂和绝对否定的关系，进而圈定马克思恩格斯所要"决裂"的传统文化的具体所指。但是，需要明确指出的是，把握马克思恩格斯传统文化批判观，要与文化虚无主义、文化复古论、文化决定论等错误倾向划清界限。

第一节　马克思恩格斯同传统文化有前提的"决裂"的辩证关系

马克思恩格斯在《共产党宣言》中提出："共产主义革命就是同传统的所有制关系实行最彻底的决裂；毫不奇怪，它在自己的发展进程中要同传统的观念实行最彻底的决裂。”① “两个彻底决裂”的重要论断不仅集中揭示了共产主义革命的根本任务，也鲜明地体现了马克思恩格斯对待传统所有制关系和传统观念的基本态度，自然也是马克思恩格斯传统文化批判观的重要内容。曾在一段时间内，大家基于马克思恩格斯提出的“两个彻底决裂”，想当然地认为马克思恩格斯对待传统文化的态度只有决裂，而无继承，这是不准确甚至是有误的，其根源在于缺乏对“两个彻底决裂”基本要义的全面正确理解。基于此，首先需要把握的就是马克思恩格斯对待传统文化批判态度的决裂前提，这不仅可以一定程度纠正马克思恩格斯对待传统文化只有决裂而无继承的片面认知，而且还可以为下一步聚焦马克思恩格斯批判或者决裂什么样的传统文化，以及批判决裂的边界何在奠定基础。这里主要是三对关系，即马克思恩格斯所提出的“两个彻底决裂”中的传统观念和一般传统观念的关系、传统观念和传统文化的关系，以及彻底决裂和绝对否定的关系。

一、不能把“两个彻底决裂”中的传统观念等同于一般传统观念

从马克思恩格斯所提出的“两个彻底决裂”到马克思恩格斯传统文化批判观，第一个转化环节就是如何区分“两个彻底决裂”中的传统观念和一般传统观念。这一转化或者说是辩证关系的处理，直接关乎马克思恩格斯关于传统观念的决裂范围。

马克思恩格斯所提出的“两个彻底决裂”中的传统观念是以资产阶级观念意识为核心的，包括奴隶主阶级观念意识和地主阶级观念意识在内的，产生并服务于私有制社会的传统私有观念。而一般的传统观念是社会历史发展过程中由一定社会心理、思维方式、风俗习惯等所构成的认知体系。从马克思恩格斯所提出的“两个彻底决裂”中的传统观念和一般传统观念的基本内涵中，可以直观地看出来二者是既有区别又有联系的。具体来说：

一方面，从二者的包含关系来看，很显然，一般传统观念的涵盖范围要明显大于马克思恩格斯所提出的“两个彻底决裂”中的传统观念的涵盖范围。一般传统观念是过去一切社会形态中孕育的思想意识，必然包括阶级对立社会中，以私有制为基础而滋生的社会意识。相反地，马

① 马克思，恩格斯．马克思恩格斯文集：第2卷．北京：人民出版社，2009：52.

克思恩格斯所提出的“两个彻底决裂”中的传统观念就不能囊括一般传统观念，它只是特指建立在阶级对立基础上的，服从服务于私有制的传统观念，尤其是针对资产阶级观念意识。

另一方面，从二者的意识形态性来看，同样比较明确的是，马克思恩格斯所提出的“两个彻底决裂”中的传统观念具有明显且强烈的阶级性、意识形态性，毕竟马克思恩格斯是针对共产主义革命所提出的，是在“资本主义的丧钟就要敲响”的信念支撑下，在上层建筑领域对“共产党人可以把自己的理论概括为一句话：消灭私有制”[①] 这一呐喊的一种呼应和确证。但是，一般传统观念就没有如此明确的意识形态性，它更多的是一种中性表述，其中既包括上述带有明显意识形态性的观念意识，也内含人们日常生活中日用而不觉的心理倾向、思维惯性或者道德规范等。

所以，无论是从马克思恩格斯所提出的“两个彻底决裂”中的传统观念和一般传统观念之间的包含关系，还是透视二者所表征的意识形态性，都指向马克思恩格斯所提出的“两个彻底决裂”中的传统观念和一般传统观念不是一回事，它们之间既有联系也有区别，是一种相互联系、相互影响、相互作用的辩证关系。只有厘清马克思恩格斯所指出的“两个彻底决裂”中的传统观念和一般传统观念的辩证关系，才能拨开笼罩于马克思恩格斯传统文化批判观上的一层迷雾。所以，不能把“两个彻底决裂”中的传统观念等同于一般传统观念，这是把握马克思恩格斯传统文化批判观的题中应有之义。

二、不能把传统观念等同于传统文化

从马克思恩格斯所提出的“两个彻底决裂”到马克思恩格斯传统文化批判观，第二个转化环节就是怎么区分传统观念和传统文化。这一转化或者说是辩证关系的处理，直接体现马克思恩格斯传统文化批判观的精髓要义。

传统观念，即上文中的一般传统观念，是指社会历史发展过程中由一定社会心理、思维方式、风俗习惯等所构成的认知体系。比如，西方强调逻辑推理与分析，倡导理性认知；强调个人利益至上，倡导个人主

① 马克思，恩格斯. 马克思恩格斯文集：第 2 卷. 北京：人民出版社，2009：45.

义；强调对唯一神的赞美，倡导宗教信仰等。还有我们中国所弘扬的仁爱、民本、诚信、正义、和合、大同等。当然也包括马克思恩格斯所要彻底决裂的产生并服从服务于私有制的剥削观念和利己意识。关于传统文化，在第一章基本内涵界定中已经明确阐释过，它是一个国家或民族在长期的社会实践过程中所创造的经由历史凝聚而延传着、流变着、发展着的诸文化因素构成的有机系统。在回顾传统观念和传统文化基本内涵的基础上，可以看出传统观念和传统文化同样是既有联系又有区别的。具体来说：

其一，从二者的包含关系来看，传统文化作为囊括物质、行为、精神等诸多文化领域文化要素的有机系统，显然是一个较为宽泛的范畴。就算从狭义的角度来思考，也是涵盖精神领域的文化要素。而传统观念仅仅属于精神领域的文化要素，所以其涵盖范围是明显要小于传统文化的，是传统文化的重要组成部分。虽然传统观念也是覆盖内容、涉及方面较多的范畴，但是就其与传统文化的涵盖范围而言，传统观念依然是被包含于传统文化之中的，它们二者之间的包含关系是很显而易见的。

其二，从二者的核心要义来看，如果把传统文化比作为我们大家所熟知的国家游泳中心（又称水立方），那么，传统观念是国家游泳中心最鲜明的海蓝色底色。这个比喻反映出，传统文化是传统观念的滋育土壤，传统观念孕育于传统文化的形成发展过程中，并且在传统文化的延续发展中起着重要的维系作用。可以说，传统观念是具有相对稳定性的社会文化因子，传统文化总是被传统观念深度地演绎和影响着。当然，也不能忽视传统文化对于传统观念的塑造作用，离开传统文化，传统观念是无从谈起的。

所以，无论是对于传统观念和传统文化二者的包含关系的厘清，还是基于传统观念和传统文化的核心要义，对于二者之间孕育和演绎的关联的阐释，都在反映着传统观念和传统文化是不一致的、不同的、既有区别又有联系的。虽然它们极容易被大家混作一团，但是正确把握它们之间的辩证关系，也是剖析马克思恩格斯传统文化批判观必须要进行的一项重要任务。在拨开马克思恩格斯所提出的“两个彻底决裂”中的传统观念和一般传统观念这层迷雾之后，对传统观念和传统文化之间辩证关系的厘清，对于直抵马克思恩格斯传统文化批判观的“真面目”又近了一步。

三、不能把彻底决裂等同于绝对否定

从马克思恩格斯所提出的“两个彻底决裂”到马克思恩格斯传统文化批判观，第三个转化环节就是怎么区分彻底决裂和绝对否定。这一转化或者说是辩证关系的处理，直接影响马克思恩格斯对待传统文化的基本立场。

如果说前面两个马克思恩格斯所提出的“两个彻底决裂”中的传统观念和一般传统观念、传统观念和传统文化的关系，重点是厘清马克思恩格斯所要决裂批判的内容，或者说是范围，那么，对彻底决裂和绝对否定的划分则是，从立场角度或者方法论角度，对马克思恩格斯传统文化批判观进行的澄清。关于彻底决裂和绝对否定的划分，应该从学界关于“两个彻底决裂”的翻译争端说起。随着学界关于“两个彻底决裂”的研究不断深入，不少学者对“两个彻底决裂”的翻译和理解问题展开讨论[①]。归纳起来主要有三种观点，分别是：

第一，将“传统的”改为“流传下来的”。这样一来，《共产党宣言》中的论断就成了“同流传下来的所有制关系实行最彻底的决裂”和“同流传下来的观念实行最彻底的决裂”。这样的改法一定程度上回避了关于传统问题的讨论，但是对于马克思恩格斯所要决裂的具体内容依然没有交代清楚，也不能够体现出马克思恩格斯的基本立场，而且存在很明显地把学术问题政治化的倾向。

第二，将“最彻底的决裂”改为“最根本的决裂”。这样一来，《共产党宣言》中的论断就成了“同传统的所有制关系实行最根本的决裂”和“同传统的观念实行最根本的决裂”。用“根本”来代替“彻底”，反映了马克思恩格斯对待传统文化、传统观念的辩证否定态度，强调的是对旧有的文化观念的质的根本否定，并不是对旧有的文化观念一切因素的全盘抛弃。这一定程度上对于正确理解马克思恩格斯所提出的“两个彻底决裂”重要论断有着推动作用。

第三，将“最彻底的决裂”改为“最坚决的破除”。这样一来，《共产党宣言》中的论断就成了“同传统的所有制关系实行最坚决的破除”和“同传统的观念实行最坚决的破除”。用“最坚决的破除”来替换

① 宋书声，杨金海，蒋仁祥. 关于《共产党宣言》中“两个决裂”论断的翻译和理解：与俞吾金同志商榷. 马克思主义与现实，2010（5）.

“最彻底的决裂”，在批判的态度上明显有着强化的意味，但是“破除”更多的是否定，这里对于继承的体现没有予以重视。

纵观上述三种关于“两个彻底决裂”重要论断的翻译和理解，都集中在马克思恩格斯对待传统文化、传统观念的辩证否定上。“决裂”并不否认继承，其本质上是一种扬弃，透视马克思恩格斯所提出的“两个彻底决裂”重要论断，马克思恩格斯对待传统文化是坚持辩证否定观而不是文化虚无主义态度的。

所以，无论是建议用“最根本的决裂”来代替“最彻底的决裂”，还是建议用“最坚决的破除”来替换“最彻底的决裂”，都是在说明彻底决裂不同于绝对否定。只有坚持辩证否定的正确态度对待传统文化，才不至于陷入对待传统文化的全盘抛弃的文化虚无主义泥潭，出现将孩子连同洗脚水一同倒掉的笑谈。总之，既不能把马克思恩格斯所提出的“两个彻底决裂”中的传统观念等同于一般传统观念，毕竟“同传统的观念实行最彻底的决裂”主要是着眼于共产主义革命，从消灭私有制来说的，要彻底决裂的是根植于私有制并为之服务的传统观念；又不能把传统观念等同于传统文化，无论是涵盖范围还是本质内涵，二者都是不一致的，不能泛化其否定范围，同传统观念实现彻底决裂，并不意味着同传统文化实现彻底决裂；也不能把彻底决裂等同于绝对否定，彻底决裂在凸显同产生并服务于私有制的传统观念决裂的态度的同时，更强调的是与其实现根本决裂，而非一刀切地绝对否定，它是一种辩证的否定观而不是形而上学的否定观。

第二节　马克思恩格斯对传统文化有前提的“决裂”的具体内容

马克思恩格斯在《共产党宣言》中所提出的“两个彻底决裂”重要论断，鲜明地体现着马克思恩格斯传统文化批判观。把握马克思恩格斯传统文化批判观，还需要进一步确定马克思恩格斯所要“决裂”的范围，或者说是批判的对象。纵观马克思恩格斯关于传统文化的论述，其批判对象大致可分为以下几个方面，分别是脱胎于原始社会缺乏首创精神的思想观念、基于人身依附而形成的封建贵族特权意识、披着宗教外衣宣扬天国与彼岸的精神鸦片、产生并服务于私有制的资本主义腐朽文化，以及从人类精神头脑中找思辨答案的唯心史观。

一、脱胎于原始社会缺乏首创精神的思想观念

基于不同社会形态的先后更替，从最初的原始社会来看，马克思恩格斯所要决裂的或者说批判的传统文化对象，主要是脱胎于原始社会缺乏首创精神的思想观念。马克思在《不列颠在印度的统治》中有过这样一段描述："我们不应该忘记，这些田园风味的农村公社不管看起来怎样祥和无害，却始终是东方专制制度的牢固基础，它们使人的头脑局限在极小的范围内，成为迷信的驯服工具，成为传统规则的奴隶，表现不出任何伟大的作为和历史首创精神。"① 这段论述直接体现了马克思恩格斯对脱胎于原始社会缺乏首创精神的思想观念持有的批判态度。

脱胎于原始社会缺乏首创精神的思想观念是自给自足生产发展下的必然产物。原始社会的生产力状况是可想而知的，"他们……在自然力量面前还无能为力，还不认识他们自己的力量；所以他们像动物一样贫困，而且生产能力也未必比动物强"②。在这样极低的生产能力状态下，人们主要以获取现成的天然产物为生产生活的直接来源，如果非要找到些人工产品，那也"主要是用做获取天然产物的辅助工具"③。可以想象处在原始社会的人们主要的生产范围就限于自给自足。基于这样的生产力水平，自然而然就形成了原始单纯而质朴的氏族制度，用恩格斯的话来描述，就是"这种十分单纯质朴的氏族制度是一种多么美妙的制度呵！没有士兵、宪兵和警察，没有贵族、国王、总督、地方官和法官，没有监狱，没有诉讼，而一切都是有条有理的"④。当人们的思想观念都集中在满足最基本的生产生活时，当农业和手工业被死死捆绑在一起时，想要在思想观念领域掀起什么波澜，简直无异于天方夜谭。所以，那种孕育并脱胎于原始社会缺乏首创精神的思想观念就成为那个社会形态的精神标识。

不可否认，脱胎于原始社会缺乏首创精神的思想观念是原始社会生

① 马克思，恩格斯. 马克思恩格斯文集：第 2 卷. 北京：人民出版社，2009：682 - 683.

② 马克思，恩格斯. 马克思恩格斯文集：第 9 卷. 北京：人民出版社，2009：186.

③ 马克思，恩格斯. 马克思恩格斯文集：第 4 卷. 北京：人民出版社，2009：38.

④ 马克思，恩格斯. 马克思恩格斯文集：第 4 卷. 北京：人民出版社，2009：111.

产力条件的必然产物，没有生产力的发展，生产关系包括人们的思想观念是无从发展的。但是就是这种脱胎于原始社会缺乏首创精神的思想观念，反过来也滋生出历史的惰性力量。一方面，就社会发展而言，脱胎于原始社会缺乏首创精神的思想观念造成社会的停滞落后。没有敢于突破的首创精神，自然地，社会领域就很少有变化，像死水一样，致使社会长久停滞落后。另一方面，就人的发展而言，脱胎于原始社会缺乏首创精神的思想观念造成人的偏安苟且。马克思曾用“有损尊严”“停滞不前”“单调苟安”“消极被动”① 等字眼来形容生活于原始社会状态下的人们。可见，脱胎于原始社会缺乏首创精神的思想观念对人的发展也是深有毒害的。所以，马克思恩格斯对以脱胎于原始社会缺乏首创精神的思想观念为代表的传统文化持批判态度，这是马克思恩格斯所要决裂批判的主要对象之一。

二、基于人身依附而形成的封建贵族特权意识

原始社会之后，社会形态向着奴隶社会和封建社会迈进，马克思恩格斯所要决裂的或者说批判的传统文化对象，主要是基于人身依附而形成的封建贵族特权意识。马克思曾在《黑格尔法哲学批判》中就封建贵族特权意识的本质直接指出，“在中世纪，权利、自由和社会存在的每一种形式都表现为一种特权”②。在封建社会中，所谓的诸如权利、自由等美好的词汇，都是有其明显限定的，只限于统治阶级，也就是说只是封建贵族、封建地主阶级的权利和自由，对于广大农民来说，毫无权利和自由可言。这也反映了马克思恩格斯对待基于人身依附而形成的封建贵族特权意识的批判。

封建贵族特权意识是建立在人身依附这一基础之上的。伴随着公有制向私有制的转变，原始社会不断解体，取而代之的是奴隶制的产生。奴隶社会是第一个阶级对立的社会形态，也是人身依附关系确立的起点。恩格斯指出：“在亚细亚古代和古典古代，阶级压迫的主要形式是奴隶制，也就是说，群众不仅被剥夺了土地，甚至连他们的人身也被占有。”③ 随着大量土地被开垦，私田不断涌现，封建社会又将奴隶社会

---

① 马克思，恩格斯. 马克思恩格斯文集：第 2 卷. 北京：人民出版社，2009：683.

② 马克思，恩格斯. 马克思恩格斯全集：第 3 卷. 2 版. 北京：人民出版社，2002：136.

③ 马克思，恩格斯. 马克思恩格斯文集：第 4 卷. 北京：人民出版社，2009：319－320.

甩在了历史的后面，这种人身依附关系进一步聚焦在土地所有关系上。“在封建的土地占有制下，占有者和土地之间还存在着比单纯实物财富的关系更为密切的关系的外观。地块随它的领主而个性化，有它的爵位，随它的领主而有男爵或伯爵的封号；有它的特权、它的审判权、它的政治地位等等。土地仿佛是它的领主的无机的身体。因此，俗语说：没有无主的土地。这句话表明领主的权势是同土地占有结合在一起的。”① 基于土地所有，封建贵族、封建地主阶级支配着农民，不仅决定着他们的生产生活，还在思想观念领域牢牢地把控着他们，这就是土地所有和人身依附所赋予他们的特权意识。只要系于土地的人身依附不被打破，封建贵族的特权意识就会弥漫在封建社会思想文化领域的各个角落。

封建贵族特权意识是封建土地所有制关系下精神文化领域的必然产物，不仅造成封建贵族阶级、封建地主阶级的贪图享乐和挥金如土的腐朽观念，而且对于广大农民阶级是一种精神的压迫和蹂躏。广大农民阶级被牢牢地钉在土地上，为了土地、为了甚至连基本生活都得不到满足的劳作，他们妥协地接受着建立在对他们自身盘剥基础上的封建贵族、封建地主阶级的特权意识，他们是被驯服的，他们是逆来顺受的。长此以往形成的臣民意识，只会将土地的枷锁越捆越牢、越系越深，直至淹没在封建贵族的嬉笑声中，葬送在封建地主阶级的鞭打之下。马克思恩格斯深刻地揭示这一切社会贫困、精神沉沦和人身依附的根源，批判封建贵族、封建地主阶级的特权意识。所以，马克思恩格斯对以基于人身依附而形成的封建贵族特权意识为代表的传统文化持有批判态度，这也是马克思恩格斯所要决裂批判的主要对象之一。

三、披着宗教外衣宣扬天国与彼岸的精神鸦片

需要特别指出的是笼罩在神学里的中世纪，它也是人类社会发展进程中的一个重要阶段，对此，马克思恩格斯所要决裂的或者说批判的传统文化对象，主要是披着宗教外衣宣扬天国与彼岸的精神鸦片。恩格斯在《德国农民战争》中指出：“中世纪完全是从野蛮状态发展而来的。它把古代文明、古代哲学、政治和法学一扫而光，以便一切都从头做

① 马克思，恩格斯. 马克思恩格斯文集：第1卷. 北京：人民出版社，2009：150.

起。它从没落的古代世界接受的唯一事物就是基督教和一些残破不全而且丧失文明的城市。”① 很显然，马克思恩格斯对中世纪，尤其是被基督教所禁锢的神学，是持批判态度的。

披着宗教外衣宣扬天国与彼岸的精神鸦片在中世纪的文化领域是以神学的形式呈现的。可以说，神学在中世纪文化领域占据绝对的统治地位。僧侣是中世纪封建主义意识形态的代表，他们控制着教育，通过传教的教育方式进行着神学传播，从而使得中世纪的教育深深地烙上了神学的印记。由于教权和皇权的结合，“教会的教条同时就是政治信条，圣经词句在各个法庭都具有法律效力。甚至在法学家已经形成一个等级的时候，法学还久久处于神学控制之下”②。可以说，中世纪的文化是单一的，是单调的，只有神学的色彩可寻。处于僧侣之上的教皇打着神学至上的幌子，征收教会税并用以支付教廷的奢华生活。面对沉重的负担，他们又以原罪、选民、救赎的信条，将人们的憎恨和无奈引向对死后在彼岸世界得以解脱的虚幻之中。恩格斯晚年曾把基督教和现代工人运动放在一起来对比，他说：“基督教和后者一样，在其产生时也是被压迫者的运动：它最初是奴隶和被释放的奴隶、穷人和无权者、被罗马征服或驱散的人们的宗教。基督教和工人的社会主义都宣传将来会解脱奴役和贫困；基督教是在死后的彼岸生活中，在天国寻求这种解脱，而社会主义则是在这个世界里，在社会改造中寻求这种解脱。”③

作为人对彼岸幻影信仰和朝拜的宗教，是人类社会发展过程中的一种产物，虽然在历史上的确起到一定的作用，比如宗教信仰在犹太民族的存续发展中起着至关重要的作用，况且马克思是犹太人，恩格斯也与宗教有着密切关系，甚至恩格斯还说过：“基督教拨动的琴弦，必然会在无数人的心胸中唤起共鸣。”④ 但是随着思想认识的深化，他们都在对宗教的批判中与基督教分道扬镳。马克思恩格斯对待基督教神学的态度是十分明确的，“一切宗教都不过是支配着人们日常生活的外部力量在人们头脑中的幻想的反映”⑤，反对披着宗教的外衣，用彼岸世界和

---

① 马克思，恩格斯. 马克思恩格斯文集：第 2 卷. 北京：人民出版社，2009：235.
② 马克思，恩格斯. 马克思恩格斯文集：第 2 卷. 北京：人民出版社，2009：235.
③ 马克思，恩格斯. 马克思恩格斯全集：第 22 卷. 北京：人民出版社，1965：525.
④ 马克思，恩格斯. 马克思恩格斯文集：第 3 卷. 北京：人民出版社，2009：599.
⑤ 马克思，恩格斯. 马克思恩格斯文集：第 9 卷. 北京：人民出版社，2009：333.

天国做诱饵，泯灭人们的革命意识，让人们在压迫中沉沦，甚至走向灭亡。所以，马克思恩格斯对以披着宗教外衣宣扬天国与彼岸的精神鸦片为代表的传统文化持有批判态度，这也是马克思恩格斯所要决裂批判的主要对象之一。

四、产生并服务于私有制的资本主义腐朽文化

随着生产力的大幅提高，社会形态由封建社会转入资本主义社会，马克思恩格斯所要决裂的或者说批判的传统文化对象，主要是产生并服务于私有制的资本主义腐朽文化。首先，马克思恩格斯肯定资本主义文化在历史发展中曾起到积极作用的一面，他们指出，“资产阶级在它已经取得了统治的地方把一切封建的、宗法的和田园诗般的关系都破坏了。它无情地斩断了把人们束缚于天然尊长的形形色色的封建羁绊”①。肯定了资本主义文化的革命性，不仅破除了以血缘关系为纽带的封建宗法制度，使人摆脱封建的人身依附关系，而且还打破了人们对上帝和天国的幻想。但是，同资本主义相适应的资本主义文化必然有其腐朽的一面。

产生并服务于私有制的资本主义腐朽文化的实质，不外乎是资产阶级加强对无产阶级剥削的统治工具，是附加在无产阶级身上的精神枷锁。资产阶级甚至妄图通过资本主义文化的渗透，“把自己的生产关系和所有制关系从历史的、在生产过程中是暂时的关系变成永恒的自然规律和理性规律”②。资本主义文化这一实质直观地体现在其核心理念——“金钱拜物教”的价值观念上。资产阶级不顾是否受人尊崇和令人敬畏，把具有神圣光环的职业，诸如医生、律师、诗人和学者，都统统打包变成由它出钱招雇的雇佣劳动者，“撕下了罩在家庭关系上的温情脉脉的面纱，把这种关系变成了纯粹的金钱关系”③，让人与人之间的关系，除了冷冰冰的金钱关系外，再没有其他任何的耦合。基于这种赤裸裸的金钱关系，风靡蔓延整个资本主义社会的拜金主义、利己主义、个人主义和奢靡之风，成了引领资本主义文化发展的风向标。但是，资本的逐利性并不满足于此，在交通便利和市场拓展的前提下，资产阶级“迫使一切民族——如果它们不想灭亡的话——采用资产阶级的生产方式；它迫

① 马克思，恩格斯. 马克思恩格斯文集：第2卷. 北京：人民出版社，2009：33-34.

② 马克思，恩格斯. 马克思恩格斯文集：第2卷. 北京：人民出版社，2009：48.

③ 马克思，恩格斯. 马克思恩格斯文集：第2卷. 北京：人民出版社，2009：34.

使它们在自己那里推行所谓的文明，即变成资产者。一句话，它按照自己的面貌为自己创造出一个世界”①。就这样，在资本主义文化的侵蚀下，不断地实现着“使未开化和半开化的国家从属于文明的国家，使农民的民族从属于资产阶级的民族，使东方从属于西方”②。

就这样，作为资产阶级统治工具的，以金钱拜物教为核心价值理念的，渗透着拜金主义、利己主义、个人主义、奢靡之风和侵略本性的资本主义腐朽文化，对其他民族地区进行着文化侵蚀和文化渗透。面对资本主义腐朽文化，马克思恩格斯持鲜明的批判态度，通过对资本主义文化的批判，旨在唤醒无产阶级的阶级意识，在纸醉金迷的、掺杂着血和肮脏的东西的资本主义社会中，树起无产阶级先进意识的大旗，进而推翻作为文化异化根源的资本主义社会，建构无产阶级先进文化，促进人的自由全面发展。可见，本着通过无产阶级革命扫清思想障碍、破除文化迷雾的初衷，马克思恩格斯旗帜鲜明地对资本主义腐朽文化进行了彻底的批判。所以，马克思恩格斯对以产生并服务于私有制的资本主义腐朽文化为代表的传统文化持批判态度，这也是马克思恩格斯所要决裂批判的主要对象之一。

五、从人类精神头脑中找思辨答案的唯心史观

此外，在理论形态传统文化的发展时空境遇中，随着马克思恩格斯向唯物主义和共产主义的转向，马克思恩格斯也对从人类精神头脑中找思辨答案的唯心史观进行了批判。马克思恩格斯在《德意志意识形态》中就对唯心史观有着明确论述，他们指出：“在唯心主义者看来，任何改造世界的运动只存在于某个上帝特选的人的头脑中，世界的命运取决于这个把全部智慧作为自己的私有财产而占有的头脑在宣布自己的启示之前，是否受到了某块现实主义的石头的致命打击。”③ 这段论述的字里行间，无不反映着马克思恩格斯对唯心史观的批判。

在马克思恩格斯创立唯物主义的过程中，有着这么一种颠倒思维和存在关系的理论认知，横亘在通向存在是第一性、思维是第二性，社会存在决定社会意识的唯物史观的真理殿堂之间。这一绊脚石就是从人类

① 马克思，恩格斯．马克思恩格斯文集：第2卷．北京：人民出版社，2009：35-36.
② 马克思，恩格斯．马克思恩格斯文集：第2卷．北京：人民出版社，2009：36.
③ 马克思，恩格斯．马克思恩格斯全集：第3卷．北京：人民出版社，1960：630.

精神头脑中找思辨答案的唯心史观。马克思在对蒲鲁东的批判中，有着这样的论述，他指出："蒲鲁东先生用自己头脑中奇妙的运动，代替了由于人们既得的生产力和他们的不再与此种生产力相适应的社会关系相互冲突而产生的伟大历史运动，……历史是由学者，即由有本事从上帝那里窃取隐秘思想的人们创造的。平凡的人只需应用他们所泄露的天机。"① 马克思以具有反讽意味的言辞，揭露了蒲鲁东颠倒客观世界和主观认识的关系，明显是一种有别于唯物史观的唯心主义观点。说到这里，不得不提及伟大人物在历史发展中的作用，唯心主义者认为是伟大人物的出现扭转了历史发展的方向，是伟大人物决定着社会存在和社会发展。恩格斯对此予以了明确的回应，恩格斯指出："恰巧某个伟大人物在一定时间出现于某一国家，这当然纯粹是一种偶然现象。但是，如果我们把这个人去掉，那时就会需要有另外一个人来代替他，并且这个代替者是会出现的，不论好一些或差一些，但是最终总是会出现的。"②

马克思恩格斯是反对唯心史观的，也反对英雄史观。前者颠倒了客观世界和主观认识的关系，而后者则是过分夸大伟大人物在历史发展过程中的作用，它们都犯了唯心主义的错误。以从人类精神头脑中找思辨答案的唯心史观为代表的传统文化，是需要抛弃的。否则，唯心史观势必影响人们对于社会存在和历史发展的正确认识，以及过分高估、盲目崇拜历史过程中个别伟大人物的作用。这是马克思恩格斯传统文化批判观在理论形态领域的具体体现。所以，马克思恩格斯对以从人类精神头脑中找思辨答案的唯心史观为代表的传统文化持批判态度，这也是马克思恩格斯所要决裂批判的主要对象之一。

以上五个方面，系统阐释了马克思恩格斯所要决裂批判的主要对象，确定了马克思恩格斯对待传统文化所持的批判态度的否定范围。就像恩格斯所说的，"每一种新的进步都必然表现为对某一神圣事物的亵渎，表现为对陈旧的、日渐衰亡的、但为习惯所崇奉的秩序的叛逆"③。抓不住马克思恩格斯语境中"陈旧的、日渐衰亡的、但为习惯所崇奉的秩序"，再怎么谈论马克思恩格斯传统文化批判观，都无异于隔空对话，

---

① 马克思，恩格斯. 马克思恩格斯文集：第 10 卷. 北京：人民出版社，2009：51.

② 马克思，恩格斯. 马克思恩格斯文集：第 10 卷. 北京：人民出版社，2009：669.

③ 马克思，恩格斯. 马克思恩格斯文集：第 4 卷. 北京：人民出版社，2009：291.

是没有办法落地做实的。当然，马克思恩格斯所要决裂批判的对象肯定远不止上述这五种有代表性的传统文化。这里选取这五种有代表性的传统文化，一是根据马克思恩格斯的论述重点来定，二是以传统文化为圆心，以社会形态的更替为半径，画圆所得。这是针对马克思恩格斯对传统文化有前提的“决裂”的具体内容，所作的总结或者说明。

第三节　反对理解马克思恩格斯对待传统文化批判态度的错误倾向

从马克思恩格斯所提出的“两个彻底决裂”的基本要义，马克思恩格斯同传统文化有前提的“决裂”的辩证关系，以及马克思恩格斯对传统文化有前提的“决裂”的具体内容等三个方面，科学回答了马克思恩格斯批判传统文化的“前提源自什么”、“范围有多大”和“内容是什么”等系列重要问题，勾勒了马克思恩格斯传统文化批判观的“素描图”。但是，其中也蕴含着“度”的问题，以下两种情况是需要注意的：一是用大量篇幅阐述了马克思恩格斯所提出的“两个彻底决裂”和传统文化不是一回事，那么自然就会存在不自觉地延续传统文化，对传统文化持吸收甚至全盘吸收的认识。二是用不少笔墨论述了马克思恩格斯所要批判的主要对象，可以说横跨原始社会到资本主义社会，那么相反地，就会把传统文化彻底丢进历史的垃圾桶里。如何在“往回走”和“向前进”中找到合适的连接点，实现把马克思恩格斯传统文化批判观的“素描图”转换为“工笔画”，需要反对理解马克思恩格斯对待传统文化批判态度的三种错误倾向，它们分别是文化虚无主义、文化复古论和文化决定论。

一、坚决反对文化虚无主义

在理解马克思恩格斯传统文化批判观时，第一种会出现的错误倾向就是文化虚无主义。文化虚无主义源自虚无主义理论，是虚无主义在文化领域的具体反映。在中国，文化虚无主义并不罕见。文化虚无主义发端于近代，在一个时期内，“彻底砸烂”“横扫一切”成了对待传统文化的注脚，强调封建礼教与共和制度是绝不相容的两个事物。它以彻底否定中国传统文化、主张全盘西化为主要特征①，其实质是西方近现代文化在全球现代化进程中的一种文化扩张和文化侵蚀。通俗来讲，文化虚无主义就是无视传统文化的精神血脉作用，出于意识形态等意图，强调斩断与历史、与文化尤其是传统文化的血肉联系。

正确理解马克思恩格斯传统文化批判观，需要警惕文化虚无主义的侵蚀和危害。文化虚无主义者在理解马克思恩格斯传统文化批判观时，主要是极力夸大由马克思恩格所创立的马克思主义与西欧思想传统之间的分歧②，认为马克思恩格斯是极力反对传统、反对传统文化的，通过摘取马克思恩格斯的相关论述，比如上面反复论证的《共产党宣言》中“同传统的观念实行最彻底的决裂”③，马克思在《路易·波拿巴的雾月十八日》所说的“一切已死的先辈们的传统，像梦魔一样纠缠着活人的头脑”④ 等，在对其片面肢解的基础上，强调马克思主义与传统文化是不可共存的，一刀切地把马克思主义与传统文化割裂开来。这是完全不正确的！虽然前面论证了马克思恩格斯所重点批判的五种传统观念、传统文化，但是不应该忘记马克思恩格斯同传统文化实行“决裂”必须要把握的三对关系，切不可以偏概全、以点带面地把马克思恩格斯对待传统文化的决裂范围扩大到涵盖一切传统因素的文化系统。这不仅是对马克思恩格斯传统文化批判观的误解，更是对马克思恩格斯对待传统文化的科学态度的中伤，是一种需要坚决反对的与马克思恩格斯传统文化批判观相关的错误倾向。所以，反对理解马克思恩格斯对待传统文化批判态度的错误倾向，首先需要与文化虚无主义做坚决斗争。

二、坚决反对文化复古论

在理解马克思恩格斯传统文化批判观时，第二种会出现的错误倾向就是文化复古论。文化复古论和前面所说的文化虚无主义正好相反。文化虚无主义强调斩断与传统文化的所有联系，而文化复古论则是“开倒车”，以复古心态理解文化复兴，无视历史上的挫折和教训，一厢情愿

① 王炳权. 警惕文化虚无主义的内在破坏力. 前线，2020（8）.
② 陈先达. 文化自信中的传统与当代. 北京：北京师范大学出版社，2017：204.
③ 马克思，恩格斯. 马克思恩格斯文集：第 2 卷. 北京：人民出版社，2009：52.
④ 马克思，恩格斯. 马克思恩格斯文集：第 2 卷. 北京：人民出版社，2009：471.

地美化过去的东西，倾向于把传统文化看作某种现成的结果和模式，主张以某种过去的模式来解决现在的问题，因而有意无意地回避了当代中国人建构自己当代文化的权利与责任①。不可否认，文化复古论一定程度上体现了对文化虚无主义的反思和抗争，具有某种程度上的革命意义，但是其厚古薄今甚至优劣不分的缺点是不争的事实。

正确理解马克思恩格斯传统文化批判观，需要警惕文化复古论的干扰和影响。文化复古论者在理解马克思恩格斯传统文化批判观时，主要是通过追溯马克思恩格斯思想发展的历史源头和文化渊源，把马克思恩格斯思想的形成与发展同传统文化死死地捆绑在一起，极力挖掘马克思恩格斯所提出的每一个观点所对应的传统文化源头，甚至不惜断章取义，把个人的观点强行安放在马克思恩格斯的头上，直至嵌入马克思恩格斯的思想灵魂之中，从而坐实“马克思主义根本上属于欧洲政治和社会理论的主流传统”② 这一结论。这是不正确的！对马克思主义的研究，尤其是对马克思恩格斯传统文化观的研究，回溯历史、挖掘渊源是十分必要的，毕竟“人们自己创造自己的历史，但是他们并不是随心所欲地创造，并不是在他们自己选定的条件下创造，而是在直接碰到的、既定的、从过去承继下来的条件下创造”③。但是一味地把马克思恩格斯往过去历史中强塞，往传统文化上硬靠，是不符合事实的，更是不符合马克思恩格斯思想主张的，从根本上来说，马克思恩格斯还是强调要打破传统束缚、与传统实现决裂。所以，反对理解马克思恩格斯对待传统文化批判态度的错误倾向，还需要与文化复古论做坚决斗争。

三、坚决反对文化决定论

在理解马克思恩格斯传统文化批判观时，第三种会出现的错误倾向就是文化决定论。文化决定论在文化问题日益成为当今思想领域中热门话题的时空境遇下，不断地发酵，日益延伸到各个领域中。亨廷顿等就指出：“社会科学界越来越多的学者把目光转向文化问题，用它解释各国的现代化、政治、民主化、军事战略、种族和民族群体的行为以及国

① 李德顺. 文化建设任重道远. 求是，2013（10）.

② 伯尔基. 马克思主义的起源. 上海：华东师范大学出版社，2007：3.

③ 马克思，恩格斯. 马克思恩格斯文集：第2卷. 北京：人民出版社，2009：470－471.

与国之间的联合和对抗。"① 可见，对文化及文化问题的关注日益增多。在这样的条件下，文化决定论不断抬头，其主要观点是"一个国家、一个民族之所以选择某种制度、走上某条道路，是由其特定的历史和文化所决定的"②。诚然，历史和文化因素的确对一个国家、一个民族有着重要的影响和塑造作用，但是将历史和文化因素过分抬高至决定要素，这是不可取的，也是十分荒谬的。

正确理解马克思恩格斯传统文化批判观，需要警惕文化决定论的搅扰和解读。文化决定论者在理解马克思恩格斯传统文化批判观时，主要是抓住马克思恩格斯与欧洲思想传统的渊源，强调欧洲思想传统在马克思恩格斯创立唯物史观的过程中的重要作用。就像前面所论述的，马克思恩格斯的确是在欧洲思想传统中成长发展的，欧洲思想传统对他们的影响和塑造作用是潜移默化、深远持久的，但是将欧洲思想传统抬升至决定要素，这显然是不正确的！这不仅违背经济基础决定上层建筑、社会存在决定社会意识的基本原理，而且与马克思恩格斯对欧洲思想传统的辩证否定是极不相符的。所以，用文化决定论来解读马克思恩格斯传统文化批判观显然会贻笑大方。虽然在理解马克思恩格斯传统文化批判观时，文化决定论不及文化虚无主义和文化复古论的影响大，但同样是不可忽视和低估的错误思潮。所以，反对理解马克思恩格斯对待传统文化批判态度的错误倾向，也需要与文化复古论做坚决斗争。

---

① 亨廷顿，哈里森．文化的重要作用：价值观如何影响人类进步．北京：新华出版社，2002：2．

② 王易．中国特色社会主义道路的历史文化渊源．马克思主义研究，2020（7）．

第三章　马克思恩格斯传统文化转化观

继对马克思恩格斯传统文化批判观的剖析之后，紧接着就进入马克思恩格斯传统文化观的第二个理论环节，即马克思恩格斯传统文化转化观。通过对马克思恩格斯传统文化批判观的阐释，我们将传统文化中需要决裂的部分很好地框定起来了，但是既然是有前提的“决裂”，那么剔除该决裂的部分，剩下的可以吸收传续的部分又该以一种什么样的态度来对待呢？这就是马克思恩格斯传统文化转化观所要重点解决的问题。马克思恩格斯传统文化转化观，主要是集中探讨马克思恩格斯是如何阐释推动传统文化创造转化的，这里主要包括传统文化创造转化的动力依据，即生产力的极大进步与发展、主体的现实需要与思维习惯、改革和革命的直接作用，以及不同民族地域间或和平或战争的交流；包括传统文化创造转化的具体内容，有物质文化、观念文化、科学内容、民族文化等多方面的内容；包括传统文化创造转化的基本原则，即必须遵循生产力和生产关系的矛盾运动、必须从“已有的思想材料出发”、必须立足“共同的历史背景”。

第一节　马克思恩格斯关于传统文化创造转化的动力依据

基于以自然资源、自然环境和人本身的自然等为主要代表的自然条件，和以物质资料的生产、生产关系的形成、政治运动的开展和语言文字的运用等为主要代表的社会条件，传统文化摆脱了随着历史消逝一同被埋葬的命运，有了存续延展的条件、机会和可能。在这样的条件支撑下，传统文化随着社会的发展而不断延续，虽然会伴随着创造转化的阵痛，但是发展的本性①促使传统文化始终处于变化发展之中。传统文化创造转化不是在自然条件和社会条件上的静态延续，而是在一定动力驱使下沿着社会发展方向的动态变革。如果说存续延展的条件交代了传统文化创造转化的可能，那么动力依据的推促，就揭示了传统文化创造转化的源泉。马克思恩格斯关于传统文化创造转化的动力大致可以归纳为：生产力的极大进步与发展、主体的现实需要与思维习惯、改革和革命、不同民族地域间的交流等。

一、生产力的极大进步与发展是传统文化创造转化的根本动力

生产力的极大进步与发展可以说是推动整个社会发展的根本动力，这是因为生产力的极大进步与发展，使得原有的生产关系跟不上形势，遭遇被打破的宿命，在生产力和生产关系变革的基础上，社会形态以新的面孔示人。那么，社会形态的变更必然涉及人以及人的实践成果的更替，其中也必然蕴含着传统文化的存续和延展。所以，从根本上来说，传统文化创造转化的根本动力还在于生产力的极大进步与发展。

生产力的极大进步与发展摧毁传统文化赖以生存的社会根基。传统文化是植根于原有的一定社会形态的文化形式，如果社会形态始终处于平稳发展状态，传统文化的作用力和影响力也会呈现出平行式的运行轨迹向前发展。一旦社会形态发生变革，适应于原有社会形态的文化就面临着或被淘汰或被转化的命运。所以说，传统文化的创造转化与适应于

① 夏泽宏.马克思恩格斯的文明思想研究.武汉：武汉大学，2013.

传统文化生存发展的社会形态有着密切关系。但是生产力的极大进步与发展，让传统文化曾经适应的舒适社会环境处于风雨飘摇的境遇，并且随时面临着倾倒的可能。恩格斯对奥地利和土耳其前途命运的剖析，蕴含着生产力的发展所带来的社会整体变革的见解。在《奥地利末日的开端》一文中，恩格斯指出：“大工业即机器生产的产品飞快地而且几乎不花运费便侵入到君主国的穷乡僻壤，摧毁了古老的手工劳动，铲除了封建的野蛮。各地相互间的贸易，和其他文明国家的贸易，具有了前所未有的重大意义。”“蒸气开辟了穿过阿尔卑斯山脉和波希米亚森林的道路，蒸气使多瑙河失去了作用，蒸气彻底摧毁了奥地利的野蛮，因而也就摧毁了哈布斯堡王朝的根基。”① 可见，生产力的大发展让奥地利的社会由原有的状态过渡到蒸汽时代，自然而然地，属于原有状态下的传统文化也要随着生产力的发展而创造转化，否则会像“封建的野蛮”一样被蒸汽机炸个粉碎。所以，从传统文化创造转化的必要性上来看，生产力的极大进步与发展摧毁了传统文化赖以生存的社会根基。

生产力的极大进步与发展加速传统文化的创造转化。生产力的极大进步与发展不仅从源头上斩断传统文化赖以生存的社会环境，而且还从速度上加速传统文化创造转化的进展。恩格斯在《欧洲土耳其前途如何?》一文中，就土耳其的发展也做出了类似奥地利的判断，“蒸汽和风力、电力和印刷机、大炮和金矿的开发合在一起在一年当中引起的变化和革命要多过以往整整一个世纪”②。在这里，恩格斯不仅凸显了生产力引起的社会革命速度之快，还蕴含着生产力引发的社会变革范围之广。在这样的条件下，传统文化要想存续延展不转化是万万不行的：首先，传统文化没有了原有的生存土壤，只能创造转化以在新的社会环境中扎根延续；其次，社会环境日新月异，传统文化创造转化不仅要实现，速度还不能慢下来，否则就会被甩在发展的身后，甚至甩回到原有的时空境遇之中。如果说以奥地利和土耳其的前途命运来说明，显得比较有距离，那么说说马克思恩格斯笔下的中国，一定是可以激起共鸣的。18 世纪末 19 世纪初的中国处在清王朝腐朽统治的封建末日，“与世隔绝”的政策让这个古老的国度在传统的惯性下，踽踽前行在世界大队伍末端。随着英国用鸦片把中国大门撬开，以手工劳动为基础的古老

① 马克思，恩格斯. 马克思恩格斯全集：第 4 卷. 北京：人民出版社，1958：521.

② 马克思，恩格斯. 马克思恩格斯全集：第 12 卷. 2 版. 北京：人民出版社，1998：40.

中国再也抵不住机器的轰鸣了，“世界上最古老最巩固的帝国八年来被英国资产者的印花布带到了一场必将对文明产生极其重要结果的社会变革的前夕”①。就这样，中国整个社会，包括传统文化在内，都在西方的坚船利炮中震荡。传统文化能不创造转化吗？不创造转化，结局只有一个，那就是被西方文化冲击得一蹶不振，然后像炮灰一样散落一地。

二、主体的现实需要与思维习惯促进传统文化创造转化的发展

生产力的极大进步与发展是传统文化创造转化的根本动力，但是这一根本动力中包含着被动的意蕴。也就是，传统文化面对生产力的极大进步与发展别无选择，只有跟着这一无法抗拒的原动力向前发展，不管前面是荆棘密布，还是花团锦簇。但是需要动力就不一样了，它完全生发于人们的诉求，是在人们想要或者希望的意愿下提出的。所以，对于传统文化的创造转化，还应该考虑主体的现实需要以及思维习惯的影响。

主体的现实需要增强了传统文化创造转化的主动性。需要是人们为了自身和社会的生存和发展，对客观世界中的某些东西产生的需求，包括衣、食、住、行等各方面，这种需求反映在人们的头脑中就形成了需要。人们的需要是多方面的，其中包含着对传统文化的需要。在现实社会中，人们是有多重需要的。文化作为人类社会实践的产物，也在被需要之列，尤其是对于统治阶级来说。马克思恩格斯在《德意志意识形态》中就明确提出：“统治阶级的思想在每一时代都是占统治地位的思想。”② 统治阶级往往会出于维护阶级统治的目的，根据自身的需要，对传统文化进行“量体裁衣”。为什么会选择传统文化这一“布料”呢？原因就在于：首先，传统文化是历史形成的，为人们所熟悉，经过统治阶级统治意识的过滤，容易被人们所接纳。其次，人们的需要与满足该种需要的手段是一致的。马克思在《资本论》中指出：“需要是同满足需要的手段一同发展的，并且是依靠这些手段发展的。”③ 以统治阶级为主要代表的人们“加工裁剪”传统文化的需要，是离不开传统文化创造转化的这一满足需要的手段的。这样就会客观上促进传统文化的创造

① 马克思，恩格斯. 马克思恩格斯全集：第10卷. 2版. 北京：人民出版社，1998：277.

② 马克思，恩格斯. 马克思恩格斯文集：第1卷. 北京：人民出版社，2009：550.

③ 马克思，恩格斯. 马克思恩格斯文集：第5卷. 北京：人民出版社，2009：585－586.

转化。因此，主体的现实需要是促进传统文化创造转化的重要动力。

主体的思维习惯保证了传统文化创造转化的一贯性。主体现实需要的满足和主体的思维习惯是分不开的，主体的知识视域、思维方式、习惯甚至偏好都会对需要满足的方式带来一定影响。所以，针对传统文化的创造转化，也需要把主体思维习惯的因素考虑进去。比如，马克思在谈到路易十四时期法国剧作家对于"三一律"的错误理解时，就强调他们所谓的理解是建立在对希腊戏剧（及其解释者亚里士多德）的曲解基础上的，"他们正是依照他们自己艺术的需要来理解希腊人的"，就算有人站出来解释澄清，但是固执的法国剧作家"还是长时期地坚持这种所谓的'古典'戏剧"[①] 这一错误认知。透视马克思关于法国剧作家对"三一律"的固执理解的分析，不难发现在对待传统文化的过程中，人们的思维习惯还是起着一定的作用的，不管是正向的强化作用，还是负向的消解作用。而且需要注意的是，主体思维习惯在传统文化创造转化中的作用发挥一般是无意识的、不自觉的，毕竟人们的思维习惯是长期养成的结果，在对待传统文化创造转化中，会自觉不自觉地顺着思维习惯进行下去。所以，在探讨传统文化创造转化的动力依据中，既要强调主体的现实需要，又要关注主体的思维习惯。

三、改革和革命是传统文化得以创造转化最为明显的直接动力

马克思恩格斯不仅关注到生产力和生产关系在传统文化创造转化中的根本作用，关注到主体的现实需要与思维习惯对传统文化创造转化的重要影响，而且还强调了改革和革命在社会发展、文明进步，以及传统文化创造转化中所起的直接作用。改革和革命是社会变革两种不同的方式，改革是温柔的、渐进的、不彻底的，而革命是暴力的、激进的、彻底的。同样地，在传统文化创造转化过程中，改革和革命也是以温柔对暴力、渐进对激进、不彻底对彻底的形式而呈现的。

改革在传统文化创造转化中以温柔的、渐进的、不彻底的方式发挥作用。改革一般的使用语境是社会变革领域，它是指通过对政治、经济、文化、社会等方面做出局部改良革新，在现行政治体制内对旧有的生产关系、上层建筑作局部的调整。虽然改革不触动现行政治体制，但

① 马克思，恩格斯. 马克思恩格斯全集：第 30 卷. 北京：人民出版社，1975：608.

是对社会方方面面的影响也是非同一般的。把改革具体到文化领域，其对文化的发展，对传统文化的创造转化，也必然产生着重要的影响。恩格斯在与考茨基的通信中，这样描述道："只要欧洲和北美一实行改造，就会产生巨大的力量和做出极好的榜样，使各个半文明国家自动地跟着我们走，单是经济上的需要就会促成这一点。至于这些国家要经过哪些社会和政治发展阶段才能同样达到社会主义的组织，我认为我们今天只能作一些相当空泛的假设。"① 很显然，恩格斯意在希望有代表性的地区通过改革，以发挥引领示范的作用，带动整个社会的发展进步。可以说，改革对社会的影响是多方面的，就像恩格斯所论述的，由资本主义向社会主义改革，整个社会文明都会发生改变，传统文化自然也就在改革中发生创造转化。也就是说，改革一般都是着眼于社会大方面的，虽然不会或者很少会具体针对传统文化，但是改革所涉及的关键方面，必然会波及传统文化。所以，从改革对整个社会文明的影响及其波及范围来看，改革在传统文化创造转化中发挥着一定的动力作用。

革命在传统文化存续延展中以暴力的、激进的、彻底的方式发挥作用。革命同样也是一个耳熟能详的词汇，它不同于改革的根本地方就在于，革命是指包括自然界、社会界或者思想界在发展过程中产生了深刻的质变，它不是温柔的、渐进的、不彻底的，恰恰相反，它是暴力的、激进的、彻底的。马克思指出："当文明一开始的时候，生产就开始建立在级别、等级和阶级的对抗上，最后建立在积累的劳动和直接的劳动的对抗上。没有对抗就没有进步。"② 革命是人类文明发展的必然环节，每一次革命都会带来社会的整体跃升，每一次革命都会带来道德上和精神上的巨大跃进。因为革命可以涤荡植根于旧社会的传统文化中的糟粕，毕竟"只有在革命中才能抛掉自己身上的一切陈旧的肮脏东西"，并且以一种新的适应现在社会发展的观念和风尚，赋予传统文化以新的时代内涵，进而"成为社会的新基础"③。所以，革命是传统文化转化的利器和直接动力，一方面是通过革命来"破"，破传统文化中不适应现在社会发展的糟粕；另一方面是以革命来"立"，立与革命成功后所

---

① 马克思，恩格斯. 马克思恩格斯全集：第 35 卷. 北京：人民出版社，1971：353.

② 马克思，恩格斯. 马克思恩格斯全集：第 4 卷. 北京：人民出版社，1958：104.

③ 马克思，恩格斯. 马克思恩格斯选集：第 1 卷. 2 版. 北京：人民出版社，1995：91.

建立的新社会相适应的传统文化中的精华部分。所以，从革命对传统文化正反两方面的影响来看，革命在传统文化创造转化中发挥着直接的动力作用。

四、不同民族地域间的交流也是推动传统文化创造转化的动力

无论是前面关于生产力的极大进步与发展，还是主体的现实需要与思维习惯，抑或是改革和革命的直接推动，都是在特定的空间范围内分析推动传统文化创造转化的动力依据。如果把传统文化创造转化的空间维度扩大化，可以发现不同民族地域间的交流也是推动传统文化创造转化的重要动力。但是需要明确的是，这种不同民族地域间的交流，并不都是欣欣向荣的，也伴随着血腥和杀戮，也就是说不同民族地域间的交流，或和平或战争，都会在推动传统文化创造转化方面，发挥自己特有的作用。

不同民族地域间的和平交流对传统文化创造转化起着输送接受的传递作用。和平交流是采用非暴力的方式，在不同民族地域之间进行物质资料交换、思想观念交流、精神文化交融等。比如，明代历史上著名的郑和下西洋；再比如，2019 年中华人民共和国成立 70 周年之际所颁授的中华人民共和国“友谊勋章”。这些无疑都在说明和平交流在文化交流发展中的重要作用，当然，外来文化的输入必然会对本地传统文化的创造转化产生影响，所以，其在传统文化创造转化中也起着相应的输送和接受的传递作用。马克思恩格斯也发现了和平交流在传统文化创造转化中的作用：一方面，他们强调和平交流对于发达国家和地区来说是一种先进文化的传播。之所以称为发达国家和地区，衡量标准主要在于生产力的发展水平，基于生产力的高度发展，商品输入就成了一种需要，由此“商品输出”也就不自觉地充当文化传播的动力工具，用马克思的话来说，“这就是所谓对外贸易的传播文明的作用”①。另一方面，他们强调和平交流对于落后国家和地区来说是一种传统文化的再造。从马克思恩格斯对印度和中国的描述中，就可看出，随着西方机器的推动，那种“一个世纪一个世纪地按着老方式生活下去”的传统状态被打破，“第一次接受文明的熏陶”，旧有的文化状态似乎“一切都变了样，并被

① 马克思，恩格斯. 马克思恩格斯全集：第 46 卷：下册. 北京：人民出版社，1980：484.

卷入文明之中”①。可以说，无论是先进国家和地区，还是落后国家和地区，不同民族地域间的和平交流都会对自己的传统文化产生不同程度的影响，无形中传统文化创造转化已然起步。

不同民族地域间的战争冲突对传统文化创造转化兼具破坏与促进的双重作用。战争冲突毫无疑问也是文化交流的一种方式，但是不同于和平交流的方式，它是直接诉诸武力，用坚船利炮去强行输出物质产品、思想观念和文化意识等。在人类发展历史上诸多文化的传播方式中，战争从来都是比较突出显眼的一种。对于被侵略民族国家来说，战争是灭顶之灾，不仅会导致生产的极大破坏，还会致使传统文化的断流，但是也不排除孕育新机的可能。比如，恩格斯在《德国的革命和反革命》中谈道，德意志人在顽强征服欧洲东部国家地区的同时，不仅促使他们殖民地化，还提高了他们的文化水平，“德意志人进行并吞的趋势过去一向是，现在也还是西欧文明传播到东欧的最有力的方法之一”②。马克思对中国也持类似的看法，“满族王朝的声威一遇到英国的枪炮就扫地以尽，天朝帝国万世长存的迷信破了产，野蛮的、闭关自守的、与文明世界隔绝的状态被打破，开始同外界发生联系”③。可见，战争对于被侵略地区来说，有着推动传统文化创造转化、促进文化发展的一面。对于侵略国家来说，战争是扩张的主要手段，但是也存在着被被侵略地区同化的可能。恩格斯曾描述过这样一种现象，“比较野蛮的征服者杀光或者驱逐某个地方的居民，并且由于不会利用生产力而使生产力遭到破坏或衰落下去”，反而“为被征服者所同化”④。这种现象就表明，战争对于侵略民族国家来说，也有着同化的可能，也会被被侵略地区的文化所影响，由此促进自己传统文化的创造转化。

总之，传统文化的创造转化必然具有一定的动力支撑，不然纵使自然条件再丰裕、社会条件再充实，躺在泛黄的历史画卷中的传统文化始终是一种原地踏步的状态。上述从生产力的极大进步与发展、主体的现实需要与思维习惯、改革和革命的直接作用、不同民族地域间或和平或战争的交流四个方面，系统剖析了推动传统文化的动力所在，即实现传

① 马克思，恩格斯. 马克思恩格斯全集：第 42 卷. 北京：人民出版社，1979：472.
② 马克思，恩格斯. 马克思恩格斯全集：第 11 卷. 2 版. 北京：人民出版社，1995：84.
③ 马克思，恩格斯. 马克思恩格斯全集：第 12 卷. 2 版. 北京：人民出版社，1998：114.
④ 马克思，恩格斯. 马克思恩格斯文集：第 9 卷. 北京：人民出版社，2009：190，191.

统文化创造转化的动力依据，是理解和把握马克思恩格斯传统文化转化观的关键所在。但是需要说明的是，推动传统文化创造转化的动力是多方面的，上述四个方面是主要的，但不是全面的，这是理解传统文化创造转化的动力依据所要澄清的，也是把握马克思恩格斯传统文化转化观所要明确的。

第二节 马克思恩格斯关于传统文化创造转化的具体内容

分析以自然资源、自然环境、人本身的自然为主要代表的传统文化存续延展的自然条件，和以物质资料的生产、生产关系的形成、政治运动的开展、语言文字的运用为主要代表的传统文化存续延展的社会条件，我们知道了传统文化创造转化的条件。分析生产力的极大进步与发展、主体的现实需要与思维习惯、改革和革命的直接作用、不同民族地域间或和平或战争的交流四个方面的动力依据，我们知道了传统文化创造转化的动力。在科学回答了“传统文化凭什么能创造转化”“传统文化为什么能创造转化”等问题之后，就需要聚焦于“创造转化什么传统文化”这一核心问题。马克思恩格斯关于传统文化创造转化的具体内容大致分为：创造转化助力生产力和生产关系发展的物质文化、创造转化具有自由平等民主等观念的观念文化、创造转化反映人类思想理论发展的科学内容、创造转化裨益世界文明繁荣发展的民族文化。

一、创造转化助力生产力和生产关系发展的物质文化

物质文化是一个非常宽泛的概念。前面在具体论述马克思恩格斯语境下的传统文化的基本形态时，就重点阐释了物质形态传统文化，它是既包括经过人们加工的、用于满足过去人的各种生存需要的自然物品或者人造物品，又囊括用以生产这些物品的生产工具和生产手段。所以，从物质文化所涵盖的内容来看，这无疑是一个宽泛的概念。当然这只是就一般物质文化而言的，如果进一步聚焦于传统物质文化，或者说是物质形态传统文化，就会涉及特定社会形态中的生产力和生产关系，这无疑会使物质文化的内部关系更加复杂。这也就为创造转化物

质文化，更确切地说是创造转化物质形态传统文化，提供了必要性和可行性。

物质文化总是与一定的生产力和生产关系相适应的，物质形态传统文化必然是过去社会形态下生产力和生产关系的产物，是与过去社会有着方方面面联系的物质形态传统文化。作为物质形态的传统文化，其中最根本的一点就是适应过去生产力和生产关系的发展，这样一来随着生产力和生产关系的矛盾运动，其必然会出现不适应的地方，这时就需要创造转化的出场，即对物质形态传统文化进行创造转化，以适应新的生产力和生产关系发展。这就是为什么要创造转化物质文化，或者说是能够对物质文化进行创造转化的突破口。所以，推动传统文化创造转化，就要创造转化生产力和生产关系发展的物质文化。恩格斯曾在马克思的墓前指出："人们首先必须吃、喝、住、穿，然后才能从事政治、科学、艺术、宗教等等；所以，直接的物质的生活资料的生产，从而一个民族或一个时代的一定的经济发展阶段，便构成基础，人们的国家设施、法的观点、艺术以至宗教观念，就是从这个基础上发展起来的，因而，也必须由这个基础来解释，而不是像过去那样做得相反。"① 从恩格斯这一论述来看，对待传统文化的解释需要从经济基础来理解，那么推动物质形态传统文化的创造转化，自然也就需要用是否助力生产力和生产关系的发展来衡量。

创造转化助力生产力和生产关系发展的物质文化，就要主动剥离出物质形态传统文化中的糟粕和精华，这是推动物质形态传统文化创造转化的第一步。以是否助力生产力和生产关系的发展作为标准，物质形态传统文化的糟粕和精华就显而易见了。物质形态传统文化的精华部分就是植根于过去社会经济基础的，能够适应并推动生产力和生产关系发展的文化因素，对这部分传统文化当然是要进一步转化发展的，以新的生产力和生产关系来赋予其新的时代内涵，厚植该部分传统文化的经济基础的同时，激活该部分传统文化在新的经济基础上更好适应发展的生机活力。相反地，物质形态传统文化的糟粕部分就是牢牢捆绑在旧有的生产力和生产关系上，虽然能够满足旧有生产力和生产关系的发展需要，但是在新的生产力和生产关系条件下，其所能起到的作用只有阻碍和滞

① 马克思，恩格斯. 马克思恩格斯文集：第 3 卷. 北京：人民出版社，2009：601.

后，当然在推动传统文化创造转化的过程中，属于该部分的糟粕是要彻底抛弃的。物质形态传统文化是集精华和糟粕于一体的，转化发展传统物质文化的精华部分，就必然要求抛弃其中包含的糟粕部分；当然，对传统物质文化中糟粕部分的抛弃，也可以为其所蕴含的精华部分更好地转化发展扫清羁绊和障碍。

二、创造转化具有自由平等民主等观念的观念文化

观念文化是满足人们较之于基本生存需要的更深层次的需要的一种文化形态。如果说前面所论述的推动物质形态传统文化的创造转化，是着眼于人与自然物质资料的交换关系，那么现在对观念形态传统文化的创造转化，主要是反映人与人、个人与群体之间的规范制约。传统观念文化的形成是特定社会形态中人们的社会心理、价值判断、行为习惯等的集中反映，需要特定的社会土壤予以滋育。由于生产力和生产关系的变革，社会必然是向前发展的，那么滋育传统观念文化存续的社会土壤就会被换掉，这样一来传统观念文化还能不能适应新的社会土壤，是存在疑问的。这就决定了要对传统观念文化，或者说观念形态传统文化进行必要的创造转化。观念文化中最具代表性的，就是被人们所追求的自由平等民主等观念，当然，关于自由平等民主等话题，马克思恩格斯也有着系列的重要论述。下面就具体围绕自由、平等、民主的创造转化展开论述。

创造转化自由的观念文化。自由主义是发端于 17—18 世纪资产阶级革命初期的一种社会思潮。它强调天赋人权，认为人的自由是与生俱来的、不可剥夺的权利。随着资产阶级革命的胜利，资本主义空前发展，自由主义成为资本主义社会的价值追求。正是自由竞争的推动，人类社会取得了可以说是奇迹的发展成效，用马克思恩格斯的话来说，就是“资产阶级在它的不到一百年的阶级统治中所创造的生产力，比过去一切世代创造的全部生产力还要多，还要大”①。但是这种发展奇迹是建立在资产阶级对无产阶级的残酷剥削和压迫之上的。自由是只针对资产阶级而言的，无产阶级收获的只是“自由”幌子下面的枷锁和铁链。马克思恩格斯发现了剩余价值理论，揭示了阶级压迫的秘密和阶级剥削的根源，强调只有消灭私有制，才能真正扬弃异化，让所有人得到真正

---

① 马克思，恩格斯. 马克思恩格斯文集：第 2 卷. 北京：人民出版社，2009：36.

的自由，“随自己的兴趣今天干这事，明天干那事，上午打猎，下午捕鱼，傍晚从事畜牧，晚饭后从事批判”①。所以，在马克思恩格斯看来，推动自由观念的创造转化，就是要撕下资产阶级自由的虚伪面纱，真正实现人向作为社会的人即合乎人的本性的人的自身的复归，把那种真实的自由内核融入传统文化创造转化的过程之中。

创造转化平等的观念文化。用恩格斯的话来说，平等观念是非常古老的，从现代的语境来看，平等就是一切人、一个国家的一切公民，都具有平等的政治地位和社会地位。但是就是这种再古老不过的平等观念，想要真正实现，在以往的社会看来“必定是发了疯”②。在阶级社会中，不存在真正的平等，平等只是统治阶级的事，被统治阶级有的只是被迫屈从。马克思恩格斯重点论述了对资产阶级平等观念文化的批判。资产阶级的平等观念是在资本主义发展中，针对封建等级制度而提出的，资产阶级出于资本主义发展的需要，要求所谓的“平等”，这种平等炸碎了封建制度的等级限制，但是炸在了无产阶级受压迫剥削的肩上，其实质是资产阶级拥有私有财产和无产阶级丧失财产所有的“平等”，是资产阶级雇佣无产阶级劳动力和无产阶级向资产阶级出卖劳动力的“平等”。真正的“平等应当不仅仅是表面的，不仅仅在国家的领域中实行，它还应当是实际的，还应当在社会的、经济的领域中实行”③。所以，在马克思恩格斯看来，推动平等观念的转化，就应该揭露资产阶级平等观念的虚伪性，它只是形式上的平等，而非事实上的平等，要把平等的真正意蕴融入传统文化创造转化之中。

创造转化民主的观念文化。民主和自由、平等一样，曾是世界上最美好的词语之一，它是“主权在民”“人民当家作主”的指代。民主观念作为传统文化的重要组成部分在历史的涤荡中经久不衰。但奴隶制度、封建专制制度、资本主义制度所宣扬的“民主”具有自私自利性和虚假迷惑性，并不是真正的民主。马克思恩格斯对传统文化中民主观念的批判继承，是与共产主义革命结合在一起的，沿着从批判封建专制制度到酝酿资产阶级民主、从扬弃资产阶级民主到提出无产阶级民主专政的逻辑理路，把民主从政治领域扩展到社会各个领域，尤其是经济领

① 马克思，恩格斯．马克思恩格斯文集：第1卷．北京：人民出版社，2009：537.

② 马克思，恩格斯．马克思恩格斯文集：第9卷．北京：人民出版社，2009：109.

③ 马克思，恩格斯．马克思恩格斯文集：第9卷．北京：人民出版社，2009：112.

域，从形式民主过渡到实质民主，实现真正的民主，实现社会的解放、人类的解放。所以，在马克思恩格斯看来，推动民主观念的转化，就要揭露资本主义民主的虚伪性，把真正属于全体人民的民主交还给人类，让传统的民主观念文化在创造转化中焕发光彩。

三、创造转化反映人类思想理论发展的科学内容

理论文化是人类思想认识发展的理论成果。人们的认识是有限性和无限性的统一，一定社会条件下，人们所能获得的认识是有限的，但是纵观人类社会的发展，人们的认识也在深化中不断向前推进。同样地，理论文化也是随着人们思想认识的发展而不断进步完善的，在一定社会条件下，特定的理论文化反映着人们的认识水平，是积极的、进步的、正确的；但是往前走，在人们思想认识达到新的高度时，过去的理论文化或者说理论形态传统文化，就有可能存在消极的、局限的，甚至是错误的一面。这也就回到我们所要论述的传统文化的创造转化上来了，即随着人们思想认识的发展，对真理的不懈追求，对于传统理论文化中具有历史局限的陈旧内容，要予以抛弃；但是其中反映人们真理性认识的科学内容，要转化发展。可以说，这反映了马克思恩格斯传统文化转化观，尤其是对待理论形态传统文化的转化态度，而且马克思恩格斯唯物主义的创立发展本身就是对德国古典哲学的批判继承和创造转化。下面，就从马克思恩格斯对黑格尔哲学的“合理内核”和费尔巴哈哲学的“基本内核”的批判继承与超越，来反映创造转化反映人类思想理论发展的科学内容。

对黑格尔哲学的“合理内核”的创造转化。黑格尔哲学作为德国古典哲学的顶峰，对马克思恩格斯思想发展的影响想必不用过多赘述。马克思曾在与其父亲的通信中说道，他对待黑格尔哲学的态度转变，由起初“不喜欢它那种离奇古怪的调子”到后来“想把真正的珍珠拿到阳光中来”①。可见，马克思不仅对黑格尔哲学有浓厚的兴趣，还想把其中蕴含的“合理内核”真正挖掘出来。黑格尔哲学既有革命性的一面，也有局限性的一面，革命性就在于它“彻底否定了关于人的思维和行动的一切结果具有最终性质的看法”②。但是像同时代的歌德一样，黑格尔也拖着一根庸人的辫子，摆脱不了传统哲学的束缚，“归根到底，黑格

① 马克思，恩格斯. 马克思恩格斯全集：第 40 卷. 北京：人民出版社，1982：15.

② 马克思，恩格斯. 马克思恩格斯文集：第 4 卷. 北京：人民出版社，2009：269.

尔的体系只是一种就方法和内容来说唯心主义地倒置过来的唯物主义”[①]。马克思恩格斯虽然不认同黑格尔的唯心主义，但肯定了其对辩证法一般运动形式的叙述，反对以一刀切的态度将黑格尔哲学划为错误行列，主张“必须从它的本来意义上‘扬弃’它，就是说，要批判地消灭它的形式，但是要救出通过这个形式获得的新内容”[②]。由此，马克思恩格斯批判继承黑格尔哲学，创立唯物辩证法，实现对黑格尔哲学的超越。

对费尔巴哈哲学的“基本内核”的创造转化。费尔巴哈哲学在思维和存在的基本问题上，可以说帮助马克思恩格斯摆脱了黑格尔哲学的束缚。就像费尔巴哈在《基督教的本质》中所指出的：“在自然界和人以外不存在任何东西”，而“它是我们人类（本身就是自然界的产物）赖以生长的基础”[③]。可以说，在思维和存在的关系这一哲学基本问题上，费尔巴哈站在了唯物主义的一边，摆脱了唯心主义的束缚。费尔巴哈在自然观上能够坚持唯物主义的立场，一旦进入历史观，就偏向了唯心主义的阵营。究其原因，一方面，他所理解的自然界实质上是一种非历史的、抽象的自然界；另一方面，他只看到了自然界对人的制约作用，并没有看到人对自然界的能动作用。所以，深入社会历史领域，费尔巴哈最多看到以爱情为基础的两性关系，看不到或者说看不透建立在实践活动中的人与人的关系。从这个意义上来说，恩格斯称费尔巴哈是“半截子”唯物主义，即“下半截是唯物主义者，上半截是唯心主义者”[④]。马克思恩格斯从现实的人的实践活动出发把握人类社会的历史发展，创立唯物史观，实现唯物主义自然观和唯物主义历史观的统一。

四、创造转化裨益世界文明繁荣发展的民族文化

民族文化是人类文化花园的朵朵奇葩，正是因为各个民族独具特色的文化的繁荣发展，人类文化才不至于被一种或某种单调的颜色始终占据着。民族文化在发展历程中，与各个民族的历史发展紧密联系在一起，有高峰亦有低谷，甚至会连同民族的消亡，一并被葬在历史

① 马克思，恩格斯. 马克思恩格斯文集：第4卷. 北京：人民出版社，2009：280.
② 马克思，恩格斯. 马克思恩格斯文集：第4卷. 北京：人民出版社，2009：276.
③ 马克思，恩格斯. 马克思恩格斯文集：第4卷. 北京：人民出版社，2009：275.
④ 马克思，恩格斯. 马克思恩格斯文集：第4卷. 北京：人民出版社，2009：296.

的尘土之中。无论是高峰，还是低谷，抑或是消亡，历史上出现的民族文化都为人类文化的繁荣发展作出了应有的贡献，都是文化发展应该予以批判继承的重要对象。出现在马克思恩格斯笔下的民族文化，就是多样化的，既有古又有今，既有西又有东。马克思恩格斯论述过古希腊罗马文化、西欧文化、俄国文化、印度文化，还有我们源远流长的中华文化。对传统文化进行创造转化，离不开对各种民族文化的创造转化。

民族文化是各民族人类实践活动发展的历史积淀，比如说，古希腊罗马文化是古希腊罗马城邦制度下的文化结晶、西欧文化是资本主义发展下的工业文化、俄国文化的形成发展与农村公社有着密切联系，还有我们的中华文化与滋育其生长的社会土壤不无关系。这就决定了创造转化传统民族文化，不能像对待前面所说的传统物质文化、传统观念文化、传统理论文化一样，不考虑或者说很少考虑民族地域的差别因素，而是必须放置在特定民族的时空境遇下，在把握滋育民族文化产生发展的社会基础上，更有针对性地创造转化各民族传统文化。此外，民族文化是反映各民族特色的地域性文化，但是创造转化传统民族文化，还应该在把握各民族文化鲜明的民族特色的同时，着眼于民族文化的世界意义。就拿中华文化来说，马克思明确指出，中华文化是建立在近代中国“依靠小农业与家庭工业相结合而存在的中国社会经济结构”① 基础上的，但是也高度肯定了中华文化对世界的意义，比如，为大家所熟知的，“火药、指南针、印刷术——这是预告资产阶级社会到来的三大发明”②，“蚕在 550 年左右从中国输入希腊”③，“棉纸在七世纪从中国传到阿拉伯人那里，在九世纪输入意大利”④ 等。包括对古希腊罗马文化的阐释，也是非常突出其世界意义的，比如，恩格斯就曾指出：“在希腊哲学的多种多样的形式中，几乎可以发现以后的所有看法的胚胎、萌芽。”⑤ 所以，创造转化民族文化是马克思恩格斯传统文化转化观的题中应有之义，既要将其放置在特定民族的时空境遇下，又要着眼其所蕴

① 马克思，恩格斯. 马克思恩格斯选集：第 1 卷. 3 版. 北京：人民出版社，2012：843.
② 马克思，恩格斯. 马克思恩格斯文集：第 8 卷. 北京：人民出版社，2009：338.
③ 马克思，恩格斯. 马克思恩格斯全集：第 20 卷. 北京：人民出版社，1971：531.
④ 马克思，恩格斯. 马克思恩格斯全集：第 20 卷. 北京：人民出版社，1971：532.
⑤ 马克思，恩格斯. 马克思恩格斯文集：第 9 卷. 北京：人民出版社，2009：439.

含的世界意义。

理解和把握马克思恩格斯传统文化转化观，就要明晰马克思恩格斯到底要创造转化什么。上述四部分内容，分别从助力生产力和生产关系发展的物质文化、具有自由平等民主等观念的观念文化、反映人类思想理论发展的科学内容、裨益世界文明繁荣发展的民族文化四个方面，聚焦了马克思恩格斯语境下所要创造转化的具体内容，可以说是马克思恩格斯传统文化转化观的“靶子”，没有这四方面的具体内容，又何来对传统文化进行创造转化呢？当然，传统文化的创造转化的对象并不是只有这四个方面，在聚焦马克思恩格斯语境下所要创造转化的具体内容时，要做到“两点论”和“重点论”的统一，不可绝对化，但也不能泛化。

第三节　马克思恩格斯关于传统文化创造转化的基本原则

通过对传统文化存续发展的自然条件和社会条件的剖析，对支撑传统文化创造转化的动力依据的挖掘，对传统文化创造转化的具体内容的厘清，我们一步一步回答了“传统文化凭什么能创造转化”“传统文化为什么能创造转化”“创造转化什么传统文化”等一系列问题。而贯穿这些问题始终的，必须牢牢把握的，就是传统文化创造转化的基本原则。可以说，这是马克思恩格斯传统文化转化观的“硬核”，是基于条件、动力、内容等方面的方法论层面的内涵和实质，也是对“怎么创造转化传统文化”这一重要问题的高度概括和回答。下面主要从三个方面进行总结和提炼。

一、回归根本，在生产力和生产关系的矛盾运动中实现创造转化

推动传统文化创造转化的第一个原则，就是回归根本，在遵循生产力和生产关系的矛盾运动规律中实现传统文化的创造转化。根据马克思恩格斯唯物史观的基本原理，生产力和生产关系的矛盾运动不仅是人类社会发展的根本动力，也是传统文化创造转化的根本依据，在推动传统文化创造转化的条件中居于首要地位。正如恩格斯所指出的：“根据唯

物主义观点，历史中的决定性因素，归根结底是直接生活的生产和再生产。”① 所以，推动传统文化创造转化，还需要从经济基础上要答案，从生产力和生产关系的矛盾运动中找条件。

在生产力和生产关系的矛盾运动中实现传统文化的创造转化，原因有二：其一，生产力和生产关系的矛盾运动决定传统文化的产生和存续。传统文化作为社会意识的重要组成部分，受制于物质生产，由社会存在所决定。就像恩格斯指出的：“每一时代的社会经济结构形成现实基础，每一个历史时期的由法的设施和政治设施以及宗教的、哲学的和其他的观念形式所构成的全部上层建筑，归根到底都应由这个基础来说明。”② 尽管影响传统文化形成发展的因素多种多样，传统文化与经济基础的联系也由于中间环节而变得模糊，但是物质资料生产方式在传统文化形成发展中的决定作用是确定无疑的。其二，生产力和生产关系的矛盾运动决定传统文化的变化与发展。传统文化随着人类社会的物质活动、物质交往的不断变化发展而变化发展。“人们的观念、观点和概念，一句话，人们的意识，随着人们的生活条件、人们的社会关系、人们的社会存在的改变而改变”③。但是需要明确的是，传统文化的变化发展并不完全同步于生产发展。不同于生产力和生产关系的直线上升，传统文化的变化发展有高峰亦有低谷，甚至伴有部分传统文化的中断、湮没，呈现出以生产力和生产关系的矛盾运动为轴心的曲线前进脉向。当然还有传统文化的消亡，也是难以摆脱滋育其生长的物质条件，同其瓦解的步调具有一致性。所以，传统文化的创造转化必须在适应生产力和生产关系的矛盾运动中得以完成并发展。

二、立足基础，在“已有的思想材料”的文化沃土上实现创造转化

推动传统文化创造转化的第二个原则，就是立足基础，在“已有的思想材料”的文化沃土上实现传统文化创造转化。“已有的思想材料”是指从过去社会延传下来的、承载传统文化因素的介质，既可以是有迹可循的文化实物，也可以是口耳相传的思想观念。“已有的思想材料”不仅是人类文明赓续发展的重要阶梯，也是传统文化创造转化的重要基础，

① 马克思，恩格斯. 马克思恩格斯文集：第 4 卷. 北京：人民出版社，2009：15.

② 马克思，恩格斯. 马克思恩格斯文集：第 9 卷. 北京：人民出版社，2009：29.

③ 马克思，恩格斯. 马克思恩格斯文集：第 2 卷. 北京：人民出版社，2009：50 - 51.

“从已有的思想材料出发”是推动传统文化创造转化的不可或缺的基本条件。就像马克思所指出的：“人们自己创造自己的历史，但是他们并不是随心所欲地创造，并不是在他们自己选定的条件下创造，而是在直接碰到的、既定的、从过去承继下来的条件下创造。”[①] 任何领域的思想观念，无论是哲学的、宗教的，还是文艺的，都必须在已有的思想材料的基础上创造转化而来，换言之，一定程度上都是传统文化创造转化的结果。

“从已有的思想材料出发”是传统文化创造转化的前提条件。恩格斯强调：“同任何新的学说一样，它必须首先从已有的思想材料出发，虽然它的根子深深扎在经济的事实中。”[②] 正如前面所论述的，传统文化的变化发展深藏于生产力和生产关系的矛盾运动之中，但是由于社会意识的相对独立性，经济发展的最终支配作用，只能发生在意识形态领域本身所限定的范围之内，这就必然要求“从已有的思想材料出发”。此外，激活传统文化的生命力，也是“从已有的思想材料出发”的题中应有之义。正如恩格斯所指出的，“任何意识形态一经产生，就同现有的观念材料相结合而发展起来，并对这些材料作进一步的加工”[③]。“同现有的观念材料相结合”是“从已有的思想材料出发”的延伸和深化，没有“从已有的思想材料出发”这一前提，“同现有的观念材料相结合”也就无从谈起，只有在“从已有的思想材料出发”的基础上“同现有的观念材料相结合”，才能实现传统文化的重要价值。从“从已有的思想材料出发”到“同现有的观念材料相结合”，前后相继的两个步骤构成了传统文化创造转化的重要过程。所以，传统文化的创造转化必须立于“已有的思想材料”这一重要基础之上。

三、着眼背景，在“共同的历史背景”接续影响中实现创造转化

推动传统文化创造转化的第三个原则，就是着眼背景，在“共同的历史背景”接续影响中实现传统文化的创造转化。传统文化的传承发展离不开前后相继的社会背景，纵使传统文化的生存土壤已然改变，但是历史长河中总会有那些依旧闪光的历史因素长留。“共同的历史背景”不仅是社会更替演进的时空境遇，也是传统文化创造转化的重要背景，

---

① 马克思，恩格斯. 马克思恩格斯文集：第 2 卷. 北京：人民出版社，2009：470－471.

② 马克思，恩格斯. 马克思恩格斯文集：第 9 卷. 北京：人民出版社，2009：19.

③ 马克思，恩格斯. 马克思恩格斯文集：第 4 卷. 北京：人民出版社，2009：309.

推动传统文化创造转化必须要兼顾这一重要条件。人类社会的发展虽然经历了由原始社会、奴隶社会、封建社会、资本主义社会到社会主义社会发展的不同形态，但其本身是连续的。不同社会形态的交替，并不完全是另起炉灶，“它在各方面，在经济、道德和精神方面都还带着它脱胎出来的那个旧社会的痕迹”①。

马克思恩格斯传统文化转化观特别强调共同的历史背景的重要影响。这集中体现于恩格斯对封建道德、资产阶级道德与无产阶级道德的共同点论述中，他指出：“这三种道德论代表同一历史发展的三个不同阶段，所以有共同的历史背景，正因为这样，就必然有许多共同之处。”② 从恩格斯关于“共同的历史背景”的阐释中，可以看出：其一，传统文化虽然作为过去的意识形式，但是必然与现阶段文化有着共同之处。传统文化与现阶段文化是历史文化发展脉络的不同坐标，虽然所处的社会环境发生了变化，但是历史背景的共同之处，也必然反映出它们在某些方面存在一致性的特征。其二，传统文化是人们在过去的历史背景下所进行的物质活动、物质交往的产物，但是在现代社会依然有供其存续的发展土壤。“共同的历史背景”像无形的线条一样，将人类社会发展的某些方面串起来，在保证人类社会发展连续性的同时，也为传统文化的创造转化提供可能性依据。其三，推动传统文化创造转化的有利入手点，在于挖掘其与现时社会的“共同的历史背景”。“共同的历史背景”不仅为传统文化创造转化提供时空依据，也使得传统文化的创造转化更具柔和性与适应性。可见，马克思恩格斯在论述传统文化创造转化时，重视对其发生的可能性，也就是其发生发展的历史背景的考察和分析。

---

① 马克思，恩格斯．马克思恩格斯文集：第 3 卷．北京：人民出版社，2009：434.

② 马克思，恩格斯．马克思恩格斯文集：第 9 卷．北京：人民出版社，2009：99.

第四章　马克思恩格斯传统文化发展观

马克思恩格斯传统文化观没有停留在批判决裂之上，也没有止步于创造转化之上，而是在对传统文化进行批判转化的基础上，进一步强调要推动传统文化的创新发展。这就是继马克思恩格斯传统文化批判观、转化观之后，所要重点剖析的马克思恩格斯传统文化发展观。如果说马克思恩格斯传统文化批判观是要解决如何剔除抛弃传统文化中不合时宜的糟粕，马克思恩格斯传统文化转化观是要解决如何将传统文化中可资利用的内容进行现代转化，那么，马克思恩格斯传统文化发展观所要解决的就是在批判和转化的基础上，如何根据当前社会的发展，在赋予传统文化时代内涵的基础上，推动传统文化与现代文化的时代融合和创新发展。把握马克思恩格斯传统文化发展观，就要明晰“为何创新发展”这一问题，就是要反映无产阶级和人类解放的价值旨归、反映人类社会之历史前进的正确方向、反映现实的人和现实的社会的出发点；还要清楚“创新发展什么”这一问题，主要包括物质文化、观念文化、科学理论和世界文化等；还要知道创新发展的基本规律，在遵循人类社会文化螺旋式有序上升的发展规律、遵循人类社会文化进化式优胜劣汰的发展规律、遵循人类社会文化拓展式走向世界的发展规律的基础上，推动传统文化创新发展；最后落脚到“怎么创新发展”这一问题上，在整体性视野、创新性思维和辩证性方法中，深化传统文化的创新发展。

第一节 马克思恩格斯推动传统文化创新发展的根本旨归

理解马克思恩格斯传统文化发展观，首先要明晰的就是马克思恩格斯推动传统文化创新发展的根本旨归，这是马克思恩格斯要推动传统文化发展到何处的鲜明体现。马克思恩格斯强调推动传统文化创新发展，绝不是就传统文化而谈传统文化，而是站在无产阶级革命的现实考量上，着眼于传统文化和现代文化的时代关联，彰显着对待传统文化应该具有的科学态度。所以，马克思恩格斯传统文化发展观的根本旨归，一定与无产阶级革命、人类社会发展、现实根据有着密切关系。概括来说就是，马克思恩格斯推动传统文化创新发展，是要反映无产阶级和人类解放的价值旨归、反映人类社会之历史前进的正确方向、反映现实的人和现实的社会的出发点。

一、反映无产阶级和人类解放的价值旨归

反映无产阶级和人类解放的价值旨归是马克思恩格斯推动传统文化创新发展的根本旨归之“内核”。从无产阶级革命发展的需要来看，马克思恩格斯推动传统文化创新发展的直接用意，就在于建设无产阶级先进文化，这是文化建设领域最直接也是最重要的目的所在。无产阶级先进文化是人类过去创造的文化成果发展的必然结果，反映了传统文化创新发展的根本旨归。马克思恩格斯在坚持唯物史观的根本立场上，推动传统文化创新发展，进而建设无产阶级先进文化。所以，马克思恩格斯推动传统文化创新发展，就是要通过创新发展传统文化来滋育无产阶级先进文化，进而服务于无产阶级革命运动，反映无产阶级和人类解放的价值旨归。

反映无产阶级和人类解放的价值旨归，就要推动传统文化创新发展为无产阶级先进文化。从传统文化创新发展到无产阶级先进文化，反映了马克思恩格斯推动传统文化创新发展的根本路向。列宁曾指出：“马克思主义这一革命无产阶级的意识形态赢得了世界历史性的意义，是因为它并没有抛弃资产阶级时代最宝贵的成就，相反却吸收和改造了两千

多年来人类思想和文化发展中一切有价值的东西。只有在这个基础上，按照这个方向，……才能认为是发展真正的无产阶级文化。"① 传统文化必然与现代化有着不相适应的地方，但是由于文化发展的传承性，要建设发展无产阶级新文化，就必须对传统文化进行改造，通过批判继承其中的优秀部分，来实现传统文化创新发展为现代文化的建设使命。从传统文化创新发展为无产阶级先进文化，马克思恩格斯始终坚持唯物史观的根本立场。传统文化产生发展的真正根源，包括从传统到现代发展跨度的实现，用恩格斯的话来说，就是"极其简单地由这一时期的经济的生活条件以及由这些条件决定的社会关系和政治关系来说明"②。为此，马克思恩格斯进一步强调，必须消灭旧的经济基础，"只有通过实际地推翻这一切唯心主义谬论所由产生的现实的社会关系，才能把它们消灭"③。只有这样才能从根本上消灭传统文化中的糟粕赖以维系的基础，从而更好地推动传统文化创新发展为无产阶级先进文化。

反映无产阶级和人类解放的价值旨归，就要彰显无产阶级文化培养自由而全面发展的新人的功能。马克思恩格斯认为无产阶级文化的功能是有别于包括资产阶级文化在内的、一切植根于阶级对立根源的文化的，它主要发挥着培养自由而全面发展的新人的功能。马克思恩格斯在《共产党宣言》中所提到的那句名言，相信一定为大家所熟知："代替那存在着阶级和阶级对立的资产阶级旧社会的，将是这样一个联合体，在那里，每个人的自由发展是一切人的自由发展的条件。"④ 马克思恩格斯所憧憬向往的共产主义社会，每个人都自由而全面发展。要达成这一理想社会，就要建成以"每一个个人的全面而自由的发展为基本原则的社会形式"⑤。可以说，只有消灭私有制，按照共产主义原则组织起来的社会，才能使文化摆脱资产阶级的桎梏，才能使人们摆脱奴役，从而从事充分而自由的文化创造活动。马克思恩格斯用最具生机的语言——人的自由而全面发展，阐释了未来社会的本质规定性，也反映了马克思恩格斯建设社会主义文化的价值指向。如果说人的自由而全面发展反映

---

① 列宁. 列宁全集：第 39 卷. 2 版增订版. 北京：人民出版社，2017：374.
② 马克思，恩格斯. 马克思恩格斯文集：第 3 卷. 北京：人民出版社，2009：459.
③ 马克思，恩格斯. 马克思恩格斯文集：第 1 卷. 北京：人民出版社，2009：544.
④ 马克思，恩格斯. 马克思恩格斯文集：第 2 卷. 北京：人民出版社，2009：53.
⑤ 马克思，恩格斯. 马克思恩格斯选集：第 2 卷. 3 版. 北京：人民出版社，2012：267.

了无产阶级先进文化的未来向度，那么，往前推进，马克思恩格斯推动传统文化创新发展也一定是沿着人的自由而全面发展这一坐标系向前延伸的。也就是说，马克思恩格斯用人的自由而全面发展，像串冰糖葫芦一样，串起了传统文化、无产阶级先进文化和共产主义社会文化。所以，反映无产阶级和人类解放这一价值旨归，贯穿于马克思恩格斯推动传统文化创新发展的始终。

二、反映人类社会之历史前进的正确方向

反映人类社会之历史前进的正确方向是马克思恩格斯推动传统文化创新发展的根本旨归之“线索”。从人类社会发展的方向来看，马克思恩格斯推动传统文化创新发展一定是和人类社会发展同向而行的，既不会跳出人类社会发展的大势，也不会背离人类社会发展的方向。正确的前进方向是一个国家民族文化繁荣的标识，也应该是传统文化创新发展的轨迹。传统文化能够焕发出生命活力，就已然反映出它是合乎历史发展规律的，那么，推动传统文化创新发展，就是要让其在现实社会发挥更充分的价值作用，自然也应该是合乎目的、合乎方向、合乎规律的。在马克思恩格斯看来，传统文化创新发展要反映的人类社会历史前进的正确方向，无疑就是社会主义方向，也就是说推动传统文化创新发展应该沿着社会主义发展方向而动。

反映人类社会之历史前进的正确方向，就要推动传统文化创新发展聚焦于最能反映代表历史发展潮流的无产阶级。“为什么人的问题，是一个根本的问题，原则的问题。”① 在各种各样社会思潮风起云涌的那个时代，有这么一种社会思潮，他们打着“真正的社会主义”的旗号，但是其实质依然难逃小资产阶级思想的怪圈，反映在文化创作领域，就是冠以“真正的社会主义”噱头的“美文运动”，一批文化创作者在采撷传统文化的只言片语中，在反映当时社会的浅尝辄止中，去反映和讴歌抽象的人和事物，表现出强烈的唯心主义和保守主义倾向。可以说，这种文化发展是不正确的，传统文化的创新发展是不能与此“同流合污”的，不能仅在表面上展现着对未来美好社会的向往和期盼，实质上陷入小资产阶级世界观中不能自拔，宣扬所谓的爱和空洞的人道主义。

① 毛泽东. 毛泽东选集：第 3 卷. 2 版. 北京：人民出版社，1991：857.

以“真正的社会主义”文化创作为例，恩格斯在《真正的社会主义者》《诗歌和散文中的德国社会主义》等文章中，揭露其对于传统文化创新发展、对于真正社会主义文化发展的误导，进而阐明了传统文化创新发展的正确方向，即应该真正反映历史发展的潮流。那么，进一步追问，谁最能代表或者说引领历史发展潮流？毫无疑问，革命的无产者是相对于资产阶级的最具革命性的社会力量，是历史的创造者，真正的社会主义将在无产阶级手中开拓出来。那么，推动传统文化创新发展就应该“歌颂倔强的、叱咤风云的和革命的无产者”①，聚焦于最能反映代表历史发展潮流的无产阶级身上。

反映人类社会之历史前进的正确方向，就要在推动传统文化创新发展的过程中旗帜鲜明地阐明自己的立场。在马克思恩格斯看来，推动传统文化创新发展不仅要聚焦于无产者，还要旗帜鲜明地阐明自己的立场。我们可以通过对比恩格斯的两封回信，来反映立场在传统文化创新发展中的重要作用。第一封回信是恩格斯针对德国作家斐迪南·拉萨尔所创作的《弗兰茨·冯·济金根》，恩格斯是这样评价的：“您的《济金根》完全是在正路上；主要的出场人物是一定的阶级和倾向的代表，因而也是他们时代的一定思想的代表，他们的动机不是来自琐碎的个人欲望，而正是来自他们所处的历史潮流。”② 从“正路”“时代的一定思想的代表”“所处的历史潮流”等字眼可以看出，恩格斯对于这样的文化创造是持肯定态度的。再来看第二封回信，这是恩格斯针对德国作家明娜·考茨基所创作的《旧和新》，恩格斯评价道：“如果一部具有社会主义倾向的小说，通过对现实关系的真实描写，来打破关于这些关系的流行的传统幻想，动摇资产阶级世界的乐观主义，不可避免地引起对于现存事物的永恒性的怀疑，那么，即使作者没有直接提出任何解决办法，甚至有时并没有明确地表明自己的立场，我认为这部小说也完全完成了自己的使命。”③ 不同于第一封回信，恩格斯在这里，主要是强调文化创造、文化建设不是中立的，一定是带有思想倾向和价值导向的，那么，具有社会主义倾向的文化建设和创作，就必须完成“自己的使命”——“明确地表明自己的立场”。很显然，这也是完全适用于传统

① 马克思，恩格斯. 马克思恩格斯全集：第 4 卷. 北京：人民出版社，1958：224.

② 马克思，恩格斯. 马克思恩格斯选集：第 4 卷. 3 版. 北京：人民出版社，2012：440.

③ 马克思，恩格斯. 马克思恩格斯选集：第 4 卷. 3 版. 北京：人民出版社，2012：579.

文化创新发展的，即在推动传统文化创新发展的过程中，彰显社会主义倾向，亮明无产阶级的立场。

反映人类社会之历史前进的正确方向，就要推动传统文化创新发展达到人类文化新的高度和水平。人类社会历史滚滚向前，每一种社会形态的更替，无疑都是相对于前一种社会形态的进步和超越，那么，反映在文化建设发展领域，自然也是进步和跃升的。这样一来，无形中已经点明了传统文化创新发展是对人类文化新的高度和水平的追求，即推动传统文化创新达到人类文化发展的新高度和新水平。人类历史进程中的每一个阶段，都会伴有适合该阶段的文化存在，人类社会在进步，人类文化也在发展，这是人类社会发展的规律，也是文化形成发展的规律，当然也提供了传统文化创新发展的基本依循。恩格斯在《家庭、私有制和国家的起源》中，引用摩尔根的一段话，描述了传统文化创新发展的蓝图：“管理上的民主，社会中的博爱，权利的平等，教育的普及，将揭开社会的下一个更高的阶段，经验、理智和科学正在不断向这个阶段努力。这将是古代氏族的自由、平等和博爱的复活，但却是在更高级形式上的复活。”① 从这段话中可以看出，推动传统文化创新发展不是“换汤不换药”的重复累积，而是人类社会历史发展正确方向上一种“在更高级形式上的复活”。也就是说，推动传统文化创新发展要沿着人类社会历史发展的正确方向，以人类文化发展的新高度和新水平来衡量和要求，促使传统文化创新发展的正确性和有效性。

三、反映现实的人和现实的社会的出发点

反映现实的人和现实的社会的出发点是马克思恩格斯推动传统文化创新发展的根本旨归之“基点”。从文化发展的现实依据来看，马克思恩格斯推动传统文化创新发展，不是就过去而谈，也不是就未来而谈，而是植根于现实而谈，是立足于“现实的人”和“现实的社会”而谈，以现实为出发点，来赋予传统文化现实内涵，进而推动传统文化更好地与现实相融合。所以，推动传统文化创新发展不仅要紧扣传统文化创新发展根本旨归的“内涵”，要着眼传统文化创新发展根本旨归的“线索”，而且还要扎根传统文化创新发展根本旨归的“基点”，在现实的反

① 马克思，恩格斯．马克思恩格斯文集：第4卷．北京：人民出版社，2009：198．

映中，深化内核、拉伸线索，共同体现马克思恩格斯推动传统文化创新发展的根本旨归。

反映现实的人和现实的社会的出发点，首先要使传统文化创新发展聚焦于“现实的人”身上。相对于唯心史观从“天国”降到“人间”来探寻人类社会历史发展奥秘，马克思恩格斯则是反其道而行之，从“人间”升至“天国”来获取打开人类社会发展的钥匙。马克思恩格斯指出：“我们的出发点是从事实际活动的人，而且从他们的现实生活过程中还可以描绘出这一生活过程在意识形态上的反射和反响的发展。甚至人们头脑中的模糊幻象也是他们的可以通过经验来确认的、与物质前提相联系的物质生活过程的必然升华物。”[①] 也就是说，要揭开人类社会历史发展的谜底，就必须从有血有肉的、从事实际活动的人出发，没有对现实的人的聚焦，一味地将目光瞥向遥不可及的天国、瞥向虚无缥缈的神灵，对人类社会的研究是无法真正深入下去的。前面已经有所交代，文化具有属人性，文化是人的文化，没有人类的活动也就无所谓文化。这就决定了文化的建设发展、传统文化的创新发展，都不可能脱离现实的人而“空论”。可以说，传统文化的创新发展要紧扣现实的人以及现实的人的实践活动，只有这样才不至于偏离方向，才能使传统文化创新发展真正得以实现。

反映现实的人和现实的社会的出发点，其次还要使传统文化创新发展萦绕于“现实的社会”之上。紧接着不脱离现实的人而“空论”的，就是不脱离现实的人现实生活于其中的现实社会。传统文化创新发展要紧扣现实的人，进一步向前推就是传统文化创新发展要萦绕于现实的社会之上。资本主义的发展带来了现实社会中普遍存在的异化现象，比如，人沦为金钱的奴隶、闪烁着光环的传统文化被资产阶级的虚伪所遮蔽等。马克思恩格斯通过对资本主义社会中人与社会关系的“二律背反”现象的揭示，来点明以现实社会作为出发点，是研究包括传统文化创新发展在内的一切人类社会历史发展问题的基点。马克思指出：“在我们这个时代，每一种事物好像都包含有自己的反面。……财富的新源泉，由于某种奇怪的、不可思议的魔力而变成贫困的源泉。技术的胜利，似乎是以道德的败坏为代价换来的。随着人类愈益控制自然，个人

① 马克思，恩格斯. 马克思恩格斯选集：第1卷. 3版. 北京：人民出版社，2012：152.

却似乎愈益成为别人的奴隶或自身的卑劣行为的奴隶。甚至科学的纯洁光辉仿佛也只能在愚昧无知的黑暗背景上闪耀。”① 一方面是光明，另一方面是黑暗，一方面是天使，另一方面是魔鬼，这种赤裸裸的现实社会的存在，是一切植根于社会存在的社会意识的生存土壤，是推动传统文化创新发展绕不开的现实背景。传统文化的创新发展就是根据现实社会的发展来唤起传统文化的活力，进一步反映并作用于现实社会中存在的对立的矛盾问题。这就是马克思恩格斯推动传统文化创新发展的价值所在。可见，传统文化的创新发展不能跳过现实的人，更不能绕过现实的社会。

第二节　马克思恩格斯推动传统文化创新发展的具体内容

在把握和理解马克思恩格斯推动传统文化创新的根本旨归之后，进一步聚焦马克思恩格斯传统文化发展观，就需要具体把握马克思恩格斯推动传统文化创新发展的具体内容，换句话说，就是推动传统文化中的什么内容创新发展。当然，剖析马克思恩格斯推动传统文化创新发展的具体内容，不能脱离马克思恩格斯所要批判的具体内容和转化的具体内容。在批判和转化的基础上，可以将传统文化创新发展的具体内容，划分为适应无产阶级革命需要的物质文化、激发无产阶级革命斗志的观念文化、揭示人类社会发展规律的科学理论，以及反映无产阶级自由联合的世界文化。

一、创新发展适应无产阶级革命需要的物质文化

创新发展适应无产阶级革命需要的物质文化，就是赋予传统物质文化新的经济内涵，在激活传统物质文化生命力的同时，推动传统物质文化适应生产力和生产关系的发展，助力于无产阶级革命的需要。物质文化是传统文化中最基本、最常见的组成部分，创新发展传统文化自然也离不开对其中的物质文化的创新发展，甚至说推动传统文化创新发展最重要

① 马克思，恩格斯．马克思恩格斯选集：第1卷．3版．北京：人民出版社，2012：776.

的就在于创新发展其中占比最多、影响最大的物质文化。结合马克思恩格斯创新发展传统文化的直接用意在于建设发展无产阶级先进文化，可以分析出马克思恩格斯推动传统文化创新发展的第一个具体内容，就是要创新发展适应无产阶级革命需要的物质文化。这里需要说明的是，马克思恩格斯对待传统文化的转化态度和发展态度的关联性，决定了创新发展适应无产阶级革命需要的物质文化，要建立在创造转化助力生产力和生产关系发展的物质文化基础上。前面在阐释创造转化助力生产力和生产关系发展的物质文化时，已经谈到以是否有利于生产力和生产关系的发展为标准，将传统物质文化剥离开糟粕部分和精华部分，自然而然地，要创造转化的传统文化就是传统物质文化中的精华部分，属于糟粕的传统文化则是要予以全盘抛弃的。在创造转化的基础上，创新发展传统物质文化自然是针对传统物质文化中有利于生产力和生产关系发展的精华部分而言的。

创新发展适应无产阶级革命需要的物质文化，要契合社会生产力的大幅度提高。恩格斯在起草《共产主义信条草案》时，针对“你们的财产公建立在什么样的基础上呢?”的质疑，鲜明地回答了“两个建立”，即“建立在因发展工业、农业、贸易和殖民而产生的大量的生产力和生活资料的基础之上，建立在因使用机器、化学方法和其他辅助手段而使生产力和生活资料无限增长的可能性的基础之上”①。从恩格斯的“两个建立”论断中可以看出，消灭私有制、建立公有制的首要前提就是社会生产力的大幅度提高。社会生产力的提高反映社会发展的前进方向，既是从资本主义社会向社会主义社会、共产主义社会过渡的基本条件，也是物质文化进步发展的根本依据。那么，传统物质文化的创新发展就是把有利于生产力和生产关系发展的精华内容，进一步凝聚在社会生产力的提高上来，服务社会生产力的提高发展。

创新发展适应无产阶级革命需要的物质文化，要吻合“有计划地生产和分配的自觉的社会生产组织”。马克思恩格斯高度重视“有计划地生产和分配的自觉的社会生产组织”，他们认为就是这种社会生产组织，在社会方面把人从其余的动物中提升出来，并且恩格斯断言“一个新的历史时期将从这种社会生产组织开始，在这个时期中，人自身以及人的活动的一切方面，尤其是自然科学，都将突飞猛进，使以往的一切都黯

① 马克思，恩格斯. 马克思恩格斯全集：第 42 卷. 北京：人民出版社，1979：373.

然失色”①。人的一切方面自然是包括文化方面的，也就是说，“有计划地生产和分配的自觉的社会生产组织”是文化“突飞猛进”的必要社会保障，在这样的社会生产组织中文化将连同人的一切活动“如鱼得水”。这不仅是文化发展的社会保障，也是传统文化创新发展，尤其是物质文化创新发展的前进方向。传统物质文化应该适应、吻合“有计划地生产和分配的自觉的社会生产组织”，在这一社会生产组织的时空境遇中，让传统物质文化释放出最大的生命活力，进而去影响、作用生产力和生产关系的发展，满足无产阶级革命的需要。

二、创新发展激发无产阶级革命斗志的观念文化

创新发展激发无产阶级革命斗志的观念文化，就是赋予传统观念文化新的思想意识，在保持传统观念文化自身的先进性的同时，实现传统观念文化服务无产阶级革命需要，从而激发无产阶级革命斗志。观念文化是传统文化中最具影响但是无形的部分，就像我们日用而不觉的思维方式、风俗习惯，都是蕴含在传统观念文化之中的。创新发展传统文化自然也包含着对于传统观念文化的创新发展，某种程度上，创新发展传统文化最深层次的创新发展，就在于对传统观念文化的变革。结合马克思恩格斯所强调的无产阶级意识，可以分析得出马克思恩格斯推动传统文化创新发展的第二个具体内容，就是创新发展激发无产阶级革命斗志的观念文化。同样地，传统观念文化创新发展也是和创造转化具有自由平等民主等观念的观念文化密不可分的。那么，前面在阐释推动传统观念文化创造转化时，已经强调了对自由平等民主等观念的扬弃，很显然，这里所要聚焦的传统观念文化的创新发展，是在创造转化基础上的深化和扩展。

创新发展激发无产阶级革命斗志的观念文化，要赋予传统观念文化真正的价值意蕴。在马克思恩格斯的笔下，自由平等民主等观念始终是人类对美好愿景追求的一种反映。但是随着奴隶社会的形成，阶级对立社会的大幕缓缓拉开，以自由平等民主为美好的代名词的观念似乎就走样变形了，通俗来讲，就是自由平等民主不是那回事儿了。就像前面论述具有自由平等民主等观念的观念文化的创造转化一样，自由平等民主

① 马克思，恩格斯. 马克思恩格斯文集：第9卷. 北京：人民出版社，2009：422.

被资产阶级蒙上了变相剥削压迫的面纱。马克思恩格斯一一予以击破，揭露资产阶级话语中、形式上、面目下的假自由、假平等、假民主。可以说，揭露的任务在马克思恩格斯关于传统文化创造转化的论述中已经明确提出，那么，在创新发展传统观念文化的过程中，就不能依然停留在揭露的层面，需要在揭露的基础上，赋予传统观念文化真自由，也就是真正实现人向作为社会的人即合乎人的本性的人的自身复归；赋予传统观念文化真平等，即真正赋予一切人、一切国家的一切公民平等政治地位和社会地位；赋予传统观念文化真民主，就是把真正属于全体人民的民主交还给人类，让人民当家作主。这些真正的价值观念是需要在传统观念文化创新发展中，予以突出强调并融入其中的。

创新发展激发无产阶级革命斗志的观念文化，要激活传统观念文化中蕴含的革命因素。之所以要强调激活传统文化中蕴含的革命因素，与无产阶级革命运动的发展是分不开的。工业革命极大地促进了生产力的发展，在满足资产阶级趋利本性的同时，也使得本就被无情盘剥的无产阶级更加举步维艰，他们“必须承担社会的一切重负，而不能享受社会的福利”，他们“被排斥于社会之外，因而不得不同其他一切阶级发生最激烈的对立”①。如何调动无产阶级的革命意识，让他们放下被资本强加的一切重负和屈辱，是无产阶级革命的需要，是工人运动推进的需要。传统文化创新发展的直接用意，前面已经反复谈到，是为发展无产阶级先进文化夯实历史根基，是推动传统文化更好地发展服务无产阶级先进文化。从无产阶级革命和工人运动的角度来看，这为传统文化创新发展，尤其是传统观念文化的创新发展，提出了一个有别于自由平等民主等美好愿景的新要求，那就是革命斗志或者说革命意识。只有将这种“彻底革命的意识”融入传统文化的创新发展之中，才能把传统文化和无产阶级革命运动联系起来，才能让传统文化，尤其是传统观念文化，在无产阶级革命运动开展的浪潮中依旧青春、依旧有用。

三、创新发展揭示人类社会发展规律的科学理论

创新发展揭示人类社会发展规律的科学理论，就是赋予传统理论文化新的正确立场和观点，在有效提取传统理论文化的合理部分的基础

---

① 马克思，恩格斯. 马克思恩格斯文集：第1卷. 北京：人民出版社，2009：542.

上，推动理论文化的生生不息，进一步揭示人类社会发展的规律。理论文化是传统文化中的“精华”，它代表着一定社会形态中的人们对于世界、社会、人的认识的最高理论水平。那么，推动传统文化创新发展必定不能脱离人们对于世界、社会和人的理论认知，但是受制于认识的有限性，人们对世界、社会和人的认识必然具有局限性，这就决定了传统理论文化应该随着人类社会的发展不断与时俱进，也就是说传统理论文化的创新发展问题。这也是马克思恩格斯推动传统文化创新发展的第三个具体内容，创新发展揭示人类社会发展规律的科学理论。与前两个传统文化创新发展的具体内容一样，传统理论文化的创新发展也是基于对反映人类思想理论发展的科学内容的创造转化。

创新发展揭示人类社会发展规律的科学理论，是从事实出发的实践理论。可以说，西方哲学是围绕着思维和存在这一基本问题而展开的理论画卷，它从不同的视角为我们认识世界提供思想的启迪。但是不同于以往哲学从“天国”降至“人间”的思考范式，马克思恩格斯是循着“人间”升至“天国”的理路，来揭示人类社会发展的规律的。就像恩格斯所指出的那样：“共产主义不是教义，而是运动。它不是从原则出发，而是从事实出发。共产主义者不是把某种哲学作为前提，而是把迄今为止的全部历史，特别是这一历史目前在文明各国造成的实际结果作为前提。”① 从恩格斯这段论述中可以看出，马克思恩格斯强调不应该把某种哲学或者说某种既定的理论，直接拿来当作科学理论的前提，而是应该深入事实，在事实的演进发展中揭示人类社会发展的真谛，这是马克思恩格斯有别于以往理论认知的根本标识。从这个角度来说，传统理论文化要想焕发生机，只有摆脱先验论的迷惑，在事实根据中寻找生命的活水源头。所以，马克思恩格斯所要创新发展的传统理论文化，一定是从事实出发的实践理论，是能够揭示人类社会发展规律的科学理论。

创新发展揭示人类社会发展规律的科学理论，是以科学态度对待的研究理论。在马克思恩格斯看来，所要创新发展的能够反映人类社会发展规律的科学理论，不仅是实践的理论，还应该是研究的理论。其实以科学态度来对待传统理论文化的最好的例子就是马克思恩格斯自身，“马克思的思想理论源于那个时代又超越了那个时代，既是那个时代精

① 马克思，恩格斯. 马克思恩格斯文集：第1卷. 北京：人民出版社，2009：672.

神的精华又是整个人类精神的精华”①。恩格斯在《卡尔·马克思》一文中，重点阐释了能够使马克思的名字永垂史册的原因所在，恩格斯说“许多重要发现”都可以让其流芳百世，但是有两点也是最重要的两点，是他不得不浓墨重彩谈一谈的，“第一点就是他在整个世界史观上实现了变革”，第二点“就是彻底弄清了资本和劳动的关系，换句话说，就是揭示了在现代社会内，在现存资本主义生产方式下，资本家对工人的剥削是怎样进行的”②。通过恩格斯对马克思的两点概括，首先可以直观地看出马克思的两大历史功绩，其次也很好地展现了这一揭示人类社会历史发展规律的思想是以科学态度对待传统理论文化、对待社会现实的研究结果的。从这一点来看，传统理论文化的创新发展不能摒弃科学的态度，不能摆脱研究的检阅。这不仅反映了传统理论文化创新发展的基本途径，也揭示了能够反映人类社会历史发展规律的科学理论的本质特征。

四、创新发展反映无产阶级自由联合的世界文化

创新发展反映无产阶级自由联合的世界文化，就是赋予传统民族文化世界视野，在保存各民族传统文化的民族特征的基础上，推动各民族文化的交流交融，从而形成真正的反映无产阶级自由联合的世界文化。传统民族文化是世界百花园中的瑰宝，每一个民族每一个国家的文化都是本民族本国家悠久历史的积淀和昭示。推动传统文化创新发展，自然也需要采撷世界百花园中各个独具特色的传统民族文化，在保存它们各自传统特色、民族特色的基础上，强化它们之间的交流交融，随着全球化浪潮，逐步汇集成反映无产阶级自由联合的世界文化。这就是马克思恩格斯推动传统文化创新发展的第四个具体内容，即创新发展反映无产阶级自由联合的世界文化。当然，推动传统民族文化创新发展是在对其创造转化基础上的进一步延伸，是关于前面论述的马克思恩格斯创造裨益世界文明繁荣发展的民族文化的进一步开拓和丰富。但是需要明确的是，世界文化不是各民族文化的简单相加，也不是磨灭各民族特色的盲目同一。

---

① 习近平. 在纪念马克思诞辰200周年大会上的讲话. 北京：人民出版社，2018：7.

② 马克思，恩格斯. 马克思恩格斯文集：第3卷. 北京：人民出版社，2009：457，457，460.

创新发展反映无产阶级自由联合的世界文化，不是各民族各国文化简单相加的机械文化。马克思恩格斯在《共产党宣言》中针对资本主义大工业所带来的新变化，强调一切国家的生产和消费都由地域性变成世界性了，在这种世界性的影响下，“过去那种地方的和民族的自给自足和闭关自守状态，被各民族的各方面的互相往来和各方面的互相依赖所代替了”，随之而来的就是市场日益扩大为世界市场、交往成为世界交往、历史向世界历史转向。马克思恩格斯进一步指出，不仅能被大家所直接感知的物质生产交往如此，对人们具有潜移默化影响的精神生产也难逃世界性的命运，“各民族的精神产品成了公共的财产。民族的片面性和局限性日益成为不可能，于是由许多种民族的和地方的文学形成了一种世界的文学”①。当然需要指出的是，这里的“世界的文学”是泛指科学、艺术、哲学、政治等方面的著作，也就是我们通常所说的文化。可以说，在资本主义发展的推动下，世界文化在世界日益被资本所串联的趋势下也顺势而成。首先可以肯定的是，世界文化是由各民族文化所构成的，没有各民族文化的发展，世界文化是无迹可寻的；但是需要明确的是，世界文化不是各民族文化的简单相加。在马克思看来，世界市场是资产阶级“在最下流、最龌龊、最卑鄙和最可恶的贪欲的驱使下”，“用最残酷无情的野蛮手段”②，上演的一幕幕令人发指的资本积累的罪恶历史剧。资本的因素无疑侵染着世界文化的肌体，这是全世界无产阶级联合起来所要一同打破的。从这个角度来说，马克思恩格斯所要创新发展的世界文化，是反映无产阶级自由联合的世界文化，是基于各民族交流交融而形成发展的世界文化，这是要和各民族文化简单相加的机械文化区分开的。

创新发展反映无产阶级自由联合的世界文化，不是各民族各国家掩盖民族特征的同一文化。世界文化毫无疑问是各民族文化交流交融的结果，在马克思恩格斯的语境中也多了反映无产阶级自由联合的意义，但是这绝不是强调世界文化就是同一文化，世界文化是对各民族文化特色的侵蚀。虽然马克思恩格斯强调“民族的片面性和局限性日益成为不可能”③，但是民族的片面性和局限性和民族特征从本质上来说完全是两

① 马克思，恩格斯. 马克思恩格斯文集：第 2 卷. 北京：人民出版社，2009：35.

② 马克思，恩格斯. 马克思恩格斯文集：第 5 卷. 北京：人民出版社，2009：873.

③ 马克思，恩格斯. 马克思恩格斯文集：第 2 卷. 北京：人民出版社，2009：35.

码事。这一点从恩格斯后来在与保尔·恩斯特的通信中就可以明显看出，恩格斯对他将德国小市民阶层和挪威的小市民阶层的特征混为一谈进行批评，恩格斯直接指出："您又毫不迟疑地把您对德国小市民阶层的看法硬加在这个挪威小市民阶层身上。"① 通过恩格斯对保尔·恩斯特的批评可以看出马克思恩格斯是高度重视各民族民族特征的，民族特征是窥视一个民族的切入口，也是彰显一个民族文化特色的晴雨表。那么，在创新发展反映无产阶级自由联合的世界文化的过程中，也需要对各个民族的民族特征加以重视，世界文化的创新发展是在各民族民族特征基础上的融合，而不是掩盖各民族民族特征的"一刀切"，否则世界文化百花园中就没有了丰富的色彩，有的只是令人忧郁的单调。所以，马克思恩格斯所要创新发展的反映无产阶级自由联合的世界文化，是各民族文化交流交融的结果，是民族性和世界性相统一的多样文化。

理解和把握马克思恩格斯传统文化发展观，离不开对马克思恩格斯所要创新发展的具体内容的剖析。可以说，马克思恩格斯对待传统文化的发展态度就是马克思恩格斯对待所要创新发展的具体内容的立场、观点和方法的鲜明体现，没有对于创新发展具体内容的聚焦，马克思恩格斯传统文化发展观就成了空中楼阁，不接地气。上述四个方面，分别从适应无产阶级革命需要的物质文化、激发无产阶级革命斗志的观念文化、揭示人类社会发展规律的科学理论，以及反映无产阶级自由联合的世界文化等方面，圈定了马克思恩格斯所要创新发展的传统文化的具体内容。需要说明的是，这四部分内容是马克思恩格斯所要创新发展的主要传统文化内容，但并不是其全部内容，这是在理解和把握马克思恩格斯推动传统文化创新发展的具体内容时应该注意的地方。

第三节　马克思恩格斯推动传统文化创新发展的基本规律

通过马克思恩格斯关于传统文化创新发展的根本旨归、关于传统文

① 马克思，恩格斯. 马克思恩格斯文集：第 10 卷. 北京：人民出版社，2009：583.

化创新发展的具体内容的论述，我们可以捋出马克思恩格斯传统文化发展观的大致脉络，即从反映无产阶级和人类解放的价值旨归、反映人类社会之历史前进的正确方向、反映现实的人和现实的社会的出发点的圆点出发，以适应无产阶级革命需要的物质文化、激发无产阶级革命斗志的观念文化、揭示人类社会发展规律的科学理论，以及反映无产阶级自由联合的世界文化为半径辐射，构成了马克思恩格斯创新发展传统文化的同心圆。在这一同心圆的形成过程中，必然蕴含着某种反映传统文化创新发展的客观的、必然的关系，这既是马克思恩格斯对传统文化进行创新发展的实践结果，也是进一步指导传统文化创新发展实践的理论遵循。具体来说，马克思恩格斯基于对人类社会文化发展一般性问题的思考，抽象提炼了文化发展的客观规律，这既是对包括传统文化在内的人类社会文化发展的理论认知，也是对传统文化创新发展必然要遵循的客观规律的集中概括。

一、遵循人类社会文化螺旋式有序上升的发展规律

纵观人类社会文化发展的历史演进过程，可以清晰地发现人类社会文化呈现出一种由低到高的发展脉向，是一种从落后或者是相对落后，到相对先进或者是先进的上升演进。从原始社会起步，经过奴隶社会、封建社会、资本主义社会、社会主义社会，进而朝着共产主义社会的迈进，变化的不仅只有起着根本作用的生产力和生产关系的极大改进，还有适应于不同社会形态的文化的丰富完善。可以说，随着人类社会形态的更替，人类社会文化也顺势而动，演绎着螺旋式有序上升的发展规律。就像恩格斯所指出的那样：“一切依次更替的历史状态都只是人类社会由低级到高级的无穷发展进程中的暂时阶段。每一个阶段都是必然的……但是对它自己内部逐渐发展起来的新的、更高的条件来说……它不得不让位于更高的阶段，而这个更高的阶段也要走向衰落和灭亡。”①恩格斯这一论断再次凸显了人类社会的先后相继、次序上升，当然，人类社会文化也是与此相适应而有序上升的。

传统文化作为人类社会文化的重要组成部分，其演进发展整体上也是和人类社会以及人类社会文化的发展相一致的。所以，传统文化的创

① 马克思，恩格斯．马克思恩格斯文集：第 4 卷．北京：人民出版社，2009：270.

新发展必然遵循人类社会文化螺旋式有序上升的发展规律。在遵循人类社会文化螺旋式有序上升的发展规律的基础上，推动传统文化创新发展，第一，要从人类社会由低级向高级发展的大势中，推动传统文化有序上升。前面已经阐释过，人类社会经历原始社会、奴隶社会、封建社会、资本主义社会、社会主义社会这五种形态，从原始社会到社会主义社会，无疑在经济、政治、文化、社会等方方面面都是一种向上向前的历史进步。所以说，历史进步的发展大势是推动传统文化创新发展的历史背景，那么，推动传统文化创新发展就应该与历史进步的发展大势同向而行。当然，由于文化的特殊性或者说是相对独立性，在顺着历史进步的发展大势前进的过程中，曾有过倒退现象，比如，恩格斯在对中世纪文化的点评中，毫不客气地指出："中世纪完全是从野蛮状态发展而来的。它把古代文明、古代哲学、政治和法学一扫而光，以便一切都从头做起。"① 这就是针对着眼人类社会从低级向高级发展大势，推动传统文化创新发展，所要强调的第二点，即要关注历史进步发展大势中那些"掉链子""开倒车"的个别倒退现象。人类社会发展具有有序性和必然性，文化发展自然也随着社会的发展更替而纵向延伸，虽然个别民族文化在发展过程中有过倒退现象，但都是个别性、暂时性的历史片段。推动传统文化创新发展不应该被历史发展浪潮中的个别现象所迷惑，只有在人类社会文化的有序渐进规律中循序展开，沿着由低级向高级的脉向，才能更好地实现传统文化从传统向现代、从低级向高级的蜕变。

二、遵循人类社会文化进化式优胜劣汰的发展规律

人类社会文化在总体上呈现出由低到高、从落后或者是相对落后到相对先进或者是先进的上升演进的同时，也存在着很明显的优胜劣汰的现象，也就是说，存有先进文化战胜落后文化、开放文化打破封闭文化的文化进化发展的现象。恩格斯曾指出，"比较野蛮的征服者杀光或者驱逐某个地方的居民，并且由于不会利用生产力而使生产力遭到破坏或衰落下去"，反而"为被征服者所同化"②。这一现象很直观地说明了，就算武力能够硬性改变一个民族的生存境遇，但是炮火炸不碎先进的可

---

① 马克思，恩格斯. 马克思恩格斯文集：第 2 卷. 北京：人民出版社，2009：235.

② 马克思，恩格斯. 马克思恩格斯文集：第 9 卷. 北京：人民出版社，2009：190，191.

以同化征服者的文化，凸显了先进文化对落后文化的统治力。通过这一先进文化战胜落后文化的典型现象，可以看出，人类社会文化同生物领域的物竞天择一样，也是处于逆水行舟不进则退的适者生存的时空境遇中，随时面临着进化式优胜劣汰的命运选择，只能向着先进文化看齐而不断迈进。

传统文化作为人类社会文化的重要组成部分，在进化式优胜劣汰的发展规律面前一样面临着适者生存的命运挑战。需要补充的是，传统文化不同于当代文化，如果说当代文化都有着优胜劣汰的紧迫感，那么，传统文化想要创新发展下去就更需要冲破优与劣的分水岭，被纳入先进或者优胜的队伍中去。所以，传统文化创新发展必然遵循先进文化进化式优胜劣汰的发展规律。如果说由低级向高级有序上升发展，刻画了人类社会文化发展的历时性纵向演进过程，那么横向上，也存在先进文化战胜落后文化的共时性冲突融合现象。比如，英国对中国的侵略，英国侵略者在一场殊死的战斗中击垮了"天朝帝国"，"接踵而来的必然是解体的过程"，自此"天朝帝国万世长存的迷信破了产，野蛮的、闭关自守的、与文明世界隔绝的状态被打破，开始同外界发生联系"①。还有对印度的统治，虽然"在亚洲造成了一场前所未闻的最大的、老实说也是唯一的一次社会革命"，但是如果没有这场社会革命，印度人依然在被历史遗忘的角落里沉沦，所以说客观上，"它造成这个革命毕竟是充当了历史的不自觉的工具"②。这里需要说明的是，不能简单地将英国工业文化纳入先进文化的行列，把中华传统文化和印度古老文化当作落后文化，这是不正确的。但是在封建统治面前，资本主义的确具有进步的一面，在封建文化与工业文化的碰撞中，结局只有一个——那就是"一地鸡毛"。这一文化的冲突融合现象，不仅点明了传统文化创新发展难以摆脱的"命运安排"，也反映了传统文化创新发展的必然性和紧迫性。传统文化中存有不适合现代社会发展的糟粕，但是亦包含现代社会存续发展的精华，遵循先进文化战胜落后文化的规律，就必然要求用传统文化中的精华去辨识淘汰其中的糟粕，实现传统文化的创新发展。

---

① 马克思，恩格斯. 马克思恩格斯文集：第 2 卷. 北京：人民出版社，2009：609，609，608.

② 马克思，恩格斯. 马克思恩格斯文集：第 2 卷. 北京：人民出版社，2009：682，683.

三、遵循人类社会文化拓展式走向世界的发展规律

人类社会文化在发展轨迹上还有着从局部到整体、从民族走向世界的发展趋势。既有由低到高、从落后或者是相对落后到相对先进或者是先进的上升演进，又有先进文化战胜落后文化、开放文化打破封闭文化的进化现象，可以说，一个是从历时性一个是从共时性的时间维度，来揭示人类社会文化的发展规律。此外，人类社会文化在空间维度同样也是有迹可循的，那就是这里所要重点探讨的，从局部到整体、从民族走向世界的发展趋势。马克思恩格斯明确指出："物质的生产是如此，精神的生产也是如此。各民族的精神产品成了公共的财产。民族的片面性和局限性日益成为不可能，于是由许多种民族的和地方的文学形成了一种世界的文学。"① 这种"世界的文学"并不是字面意义上的"文学"，而是反映人类社会文化在世界日益成为一个整体的基础上，由民族地域的小范围延伸发展到全球世界的大场域的一种结果。

传统文化作为人类社会文化的重要组成部分，在其创新发展的过程中也应该从空间延伸的维度着力，推动传统文化从民族走向世界，不再囿于时间，把创新发展的视野由从前到后、从低到高，进一步扩充到由近及远。所以，传统文化创新发展必然遵循人类社会文化拓展式走向世界的发展规律。在拓展式走向世界的发展过程中，创新发展传统文化既是视野的开阔，就像前面所论述的那样，从民族文化走向世界文化，又是从空间上对人类社会文化发展规律的刻画。世界市场的形成加剧了文化发展的空间变化。从文化发展的空间走向来看，传统文化创新发展必然要经历世界范围的"检阅"，不仅要在民族地域的小空间进行改造发展，还要在世界大舞台上适应世界文化的发展。同时，在拓展式走向世界的发展过程中，创新发展传统文化也是营养的补充。推动传统文化从局部到整体、从民族地域走向全球世界，是一个接受世界涤荡的检阅过程，也是一个汲取世界营养的反哺过程，它是"向外走"和"向内走"的统一，是"检阅"和"反哺"的统一。所以，推动传统文化创新发展必须遵循人类社会文化拓展式走向世界的发展规律。

总之，马克思恩格斯推动传统文化创新发展的基本规律，是一个多

---

① 马克思，恩格斯. 马克思恩格斯文集：第2卷. 北京：人民出版社，2009：35.

维度、多层次的有机整体。从维度来说，既有时间维度上的，遵循人类社会文化螺旋式有序上升的发展规律、遵循人类社会文化进化式优胜劣汰的发展规律，只不过前者是历时性的跨度，后者是共时性的宽度；又有空间维度上的，就是基本规律的第三个方面，遵循人类社会文化拓展式走向世界的发展规律。从层次来说，第一个层次是由前及后，即传统文化的创新发展要实现从传统到现代的转化，也就是螺旋式有序上升；第二个层次是从低到高，即传统文化的创新发展要实现从落后到先进，或者说从相对落后到相对先进，也就是进化式优胜劣汰；第三个层次是由近及远，即传统文化的创新发展要实现从民族到世界的拓展，也就是拓展式走向世界。可以说，遵循人类社会文化螺旋式有序上升的发展规律、遵循人类社会文化进化式优胜劣汰的发展规律、遵循人类社会文化拓展式走向世界的发展规律，集中而深刻地展示了马克思恩格斯对待传统文化创新发展的基本立场、观点和方法，是马克思恩格斯传统文化发展观的核心。

第五章　马克思主义基本原理同中华优秀传统文化相结合

马克思恩格斯传统文化观在同中国具体实际相结合、同中华优秀传统文化相结合的过程中，孕育形成了新的创新成果。习近平总书记在庆祝中国共产党成立 100 周年大会上，首次提出“两个结合”的重大论断，强调在推进马克思主义中国化时代化的过程中，要“坚持把马克思主义基本原理同中国具体实际相结合、同中华优秀传统文化相结合”①。党的十九届六中全会审议通过的《中共中央关于党的百年奋斗重大成就和历史经验的决议》，再次强调“两个结合”②。在中共中央政治局第六次集体学习时，习近平总书记强调：“马克思主义中国化时代化这个重大命题本身就决定，我们决不能抛弃马克思主义这个魂脉，决不能抛弃中华优秀传统文化这个根脉。坚守好这个魂和根，是理论创新的基础和前提。”③ 特别是在文化传承发展座谈会上，习近平总书记对中华文明和中华优秀传统文化作了系统论述，深刻揭示了马克思主义基本原理同中华优秀传统文化相结合的科学内涵和重大意义④。可以说，在新时代坚持和发展中国特色社会主义的伟大实践中，以习近平同志为核心的党

---

① 习近平. 在庆祝中国共产党成立 100 周年大会上的讲话. 北京：人民出版社，2021：13.

② 中共中央关于党的百年奋斗重大成就和历史经验的决议. 北京：人民出版社，2021：23 - 24.

③ 习近平在中共中央政治局第六次集体学习时强调 不断深化对党的理论创新的规律性认识 在新时代新征程上取得更为丰硕的理论创新成果. 人民日报，2023 - 07 - 02 (1).

④ 习近平. 在文化传承发展座谈会上的讲话. 北京：人民出版社，2023：5 - 9.

中央将“马克思主义基本原理同中华优秀传统文化相结合”这一命题提到了前所未有的新高度。马克思主义基本原理同中华优秀传统文化相结合的百余年历程，是马克思恩格斯传统文化观在中国创新发展的过程，也是中国共产党坚持马克思恩格斯传统文化观，创造性转化、创新性发展中华优秀传统文化的过程。

第一节　马克思恩格斯传统文化观的历史发展

马克思恩格斯传统文化观以其系统性、关联性和发展性为鲜明特征，为“如何认识传统文化”“怎样对待传统文化”等重大理论和现实问题提供了理论范本和实践指南。习近平总书记指出：“一部马克思主义发展史就是马克思、恩格斯以及他们的后继者们不断根据时代、实践、认识发展而发展的历史，是不断吸收人类历史上一切优秀思想文化成果丰富自己的历史。因此，马克思主义能够永葆其美妙之青春，不断探索时代发展提出的新课题、回应人类社会面临的新挑战。”① 中国共产党既是马克思主义的坚定信仰者和践行者，又是中华优秀传统文化的忠实继承者和弘扬者。我们党坚持以马克思恩格斯传统文化观为指导，并且不断地同中国文化建设实际相结合、同中华优秀传统文化相结合，形成了中国共产党传统文化观。尤其是习近平总书记站在建设发展社会主义文化强国的高度，强调推动中华优秀传统文化创造性转化、创新性发展，发展革命文化和社会主义先进文化，使得马克思恩格斯传统文化观在中国大地进一步成功实践。

一、马克思主义传入中国及其同中华优秀传统文化的结合

1840 年，素来被清王朝斥为“夷狄蛮貊”的不列颠帝国，凭借清王朝口中“奇技淫巧”的坚船利炮打开了古老中国的大门，戳破了清王朝“天朝上国”的美梦，极大地刺激了国人的神经。中国成为半殖民地半封建社会，国家蒙辱、人民蒙难、文明蒙尘，中华民族遭受了前所未有的劫难。实现中华民族伟大复兴的梦想，从那时起就深深扎根在中国

① 习近平. 在纪念马克思诞辰 200 周年大会上的讲话. 北京：人民出版社，2018：9－10.

人民和中华民族的心中。正是在这样的时空境遇中，伴随着为实现民族独立和人民解放、国家富强和人民幸福的试错和校准，马克思主义传入中国，并且逐渐开启了同中国具体实际相结合、同中华优秀传统文化相结合的马克思主义中国化时代化的进程。

马克思主义传入中国是历史的选择、人民的选择。以鸦片战争为开篇的中国近代史，是一段逐步走向半殖民地半封建社会深渊的屈辱史。为了完成民族独立和人民解放、国家富强和人民幸福的两大历史任务，无数仁人志士开始了艰辛的探索。首先是变革图强的洋务运动。两次鸦片战争的失败促使人们开始深思。以曾国藩、李鸿章、张之洞和左宗棠等为代表的洋务派，本着“中学为体、西学为用”的原则开展了轰轰烈烈的洋务运动。但是，甲午中日战争的失败，宣告了“洋务救国”的彻底破产，伴随着“四万万人齐下泪，天涯何处是神州?”的无奈，中国人认识到师夷长技从根本上是救不了国的，只有变革政治制度才能触动根基。在这样的背景下，要求政治变革的维新派走上了历史舞台。以康有为、梁启超等为代表的维新派，将以“采法俄日以定国是”“大集群才而谋变政”“听任疆臣各自变法”等变法三策为代表的政治变革付诸实践。但是，仅仅维持了百日之久，维新运动就遭到了顽固派的镇压而被迫终止。当然，维新运动的失败也让中国人进一步认识到自上而下的政治变革在中国是行不通的。所以，自下而上的革命爆发了，孙中山领导发动了震惊世界的辛亥革命，推翻了清王朝的腐败统治，建立了中华民国。然而，辛亥革命是“一朵不结果实的花”①，由于资产阶级的软弱性和妥协性，革命的胜利果实被袁世凯窃取，中国的社会性质没有发生根本变化，仍然是半殖民地半封建社会。历史证实，资产阶级革命在中国也是行不通的。正当人们处于彷徨与苦闷之际，十月革命一声炮响，给中国送来了马克思列宁主义。当各种政治力量凭借着各种救国方案，在中国政治舞台上先后亮相但均以失败而收场的时候，历史和人民最终选择了马克思主义，选择了中国共产党。

马克思主义传入中国是社会结构裂变的结果，也必然激起思想文化的震动。以儒家思想为代表的中国传统文化在长达两千多年的封建社会里始终发挥着政治维护功能，守旧派自然以各种名义阻挡各种异质性思

---

① 关于“辛亥革命是‘一朵不结果实的花’”的观点，具体参见金冲及教授于2011年4月11日在《北京日报》发表的文章《辛亥革命是“一朵不结果实的花”吗?》。

想的渗透和发展。但是外来的思想文化从魏源开始就得到了不同程度的借鉴和认可，发展到后来，激进派甚至把近代的失败落后归结为中国传统文化的落后，以此来全盘西化。然而，中国近代思想领域的发展并没有在这两种思想意识的较量中前行，而是在历史必然性和偶然性的综合作用下，伴随着马克思主义的传入，在"中西马"的相互碰撞交汇的过程中，扭转了发展的方向。在中国社会形态发生根本变化的前提下，通过东西方文化论战、社会主义论战等，中国人民逐渐打破了以儒家思想为主导的中国传统文化的禁锢，也彻底消除了对西方资本主义文化的盲目崇拜，立足于救亡图存的实践需要，不断把马克思主义运用到中国革命事业中。在中国共产党的正确领导下，马克思主义同中国具体实际相结合、同中华优秀传统文化相结合，并对我国的革命、建设、改革的伟大实践发挥着根本指导作用。这是站在社会形态更替的高度来审视马克思主义和中国传统文化关系的必然结果，"如果不懂得这个根本出发点，就无法理解登上中国政治舞台的中国共产党，为什么不能继续沿着儒家铺就的道路作为中华民族复兴之路，而要举起马克思主义旗帜"①。当然，马克思主义的科学性、人民性、实践性、开放性也为中国共产党成立百余年来中国社会历史发展所证明。

马克思主义基本原理同中华优秀传统文化相结合是马克思主义中国化时代化的必然要求。习近平总书记指出，任何科学的理论和制度，必须本土化才能真正起到作用。马克思主义也好，社会主义也好，能够在中国取得胜利，关键就是我们不断推进其中国化，紧密结合中国实际加以运用。马克思主义虽然产生于西欧，但它是在继承和创造人类文明的过程中产生的，是对世界无产阶级革命运动经验和人类文明成果的概括总结，反映的是自然界、人类社会和人的思维的最一般发展规律。所以，马克思主义不单属于哪个民族，而是具有世界性的科学理论。恩格斯就曾明确说过，"马克思的世界观远在德国和欧洲境界以外，在文明世界的一切语言中都找到了代表"②。纵观马克思主义发展史，可以说它早已超越了欧洲，传播到了全世界，在各种不同民族文化，尤其是中华民族文化中扎下了根。我们党从创立之日起，就把马克思主义写在了

① 陈先达. 马克思主义和中国传统文化. 北京：人民出版社，2015：8.

② 马克思，恩格斯. 马克思恩格斯全集：第 21 卷. 北京：人民出版社，1965：411.

自己的旗帜上，在领导中国革命事业的过程中，正反两方面的经验教训证明，以教条主义的态度照搬马克思主义一般原理是行不通的，必须结合中国具体实际，走马克思主义中国化时代化的道路。正如毛泽东曾在《反对本本主义》中说的那样，“马克思主义的‘本本’是要学习的，但是必须同我国的实际情况相结合”①。同我国的实际情况相结合，也就是同中国国情相结合，这里包含社会国情和历史文化国情两个基本方面②。也就是说，马克思主义只有同中华优秀传统文化相结合，才能在中国大地开花结果，这也是推进马克思主义中国化时代化的题中应有之义。

二、中国共产党是中华优秀传统文化的忠实传承者和弘扬者

习近平总书记指出：“中国共产党从成立之日起，既是中国先进文化的积极引领者和践行者，又是中华优秀传统文化的忠实传承者和弘扬者。”③ 中华民族在 5 000 多年的历史长河中，萌发、凝练、发展着滋育华夏、裨益世界的中国传统文化。以毛泽东同志为主要代表的中国共产党人，纠正新文化运动以来国内存在的“传统文化就是愚昧和落后的代名词”的错误观点，坚持运用马克思恩格斯对待传统文化的立场、观点和方法来看待中国传统文化。

第一，尊重历史，承继遗产。在新文化运动激进的反传统思想背景下，国内和党内对中国传统文化的否定性评价，是居于主导地位的④。但是，事实上，“激进的反传统本身在深层次含义上恰恰是植根于传统文化本身所固有的浓厚的拯救意识和强烈的使命感，是自觉的家国情怀的鲜明体现”⑤。将传统文化不加区分地统统丢进历史的垃圾堆，显然是不正确的。毛泽东在《中国共产党在民族战争中的地位》一文中，就正确对待历史和历史遗产进行了生动的比喻论述，毛泽东指出，站在数千年的民族历史前，面对数不尽的珍贵品，我们作为马克思主义的历史主义者都应该秉持“小学生”的姿态，“从孔夫子到孙中山，我们应当

① 毛泽东. 毛泽东选集：第 1 卷. 2 版. 北京：人民出版社，1991：111 - 112.

② 刘建军. 论马克思主义基本原理同中华优秀传统文化相结合. 中国人民大学学报，2021 (6).

③ 习近平. 决胜全面建成小康社会 夺取新时代中国特色社会主义伟大胜利：在中国共产党第十九次全国代表大会上的报告. 北京：人民出版社，2017：44.

④ 杨凤城. 中国共产党对待传统文化的历史考察. 教学与研究，2014 (9).

⑤ 何中华. 马克思与孔夫子：一个历史的相遇. 北京：中国人民大学出版社，2021：91.

给以总结，承继这一份珍贵的遗产”①。面对孕育于历史发展中的传统文化，首先应该具备的态度就是尊重历史，尊重历史积淀的遗产。发展新民主主义文化，毛泽东虽然也强调要彻底破坏“半封建的政治经济文化”和“帝国主义的政治经济文化”，但是同样也重视历史遗产的作用，没有传统文化的基础，“所谓新文化，是无无发生的”②。包括后面在对关于“孔孟之道是中国不良传统”的观点的批驳中，毛泽东也是秉持正确的历史观，认为“孔孟有一部分真理，全部否定是非历史的看法”③。所以，毛泽东对待传统文化所持的态度，与“粪秽里寻找香水”的立场是完全不一样的，不是不尊重历史、不顾及遗产的割裂态度，而是在强调尊重历史、继承遗产的基础上，摆正传统文化的位置。

第二，区分为先，批判继承。诚然，毛泽东的确尊重历史、承继遗产，但也不要把“尊重历史，继承遗产”和“颂古非今”“赞扬任何封建的毒素”④ 混作一团。毛泽东在《新民主主义论》中指出，对待传统文化要先进行区分，“封建性的糟粕”要毫不留情地剔除，而其中的“民主性的精华”，还是要予以充分吸收的⑤。在探索建设适合中国国情的社会主义道路中，毛泽东深化对封建主义和非封建主义的认识，进一步就此问题作出明确判断，认为中国传统文化“并不全是封建主义的东西，有人民的东西，有反封建的东西”，同时毛泽东补充道，就算是封建主义的东西，“也不全是坏的”⑥。就区分传统文化的精华与糟粕这一问题，从毛泽东前后两段论述来看，都很一致地反映着对待传统文化，要在尊重、承继的前提下，有选择地进行区分和批判，就如同对食物一样，要首先经过消化、分解，才能“变成革命的为人民服务的东西”⑦。

第三，古为今用，洋为中用。对待传统文化，不能将其束之高阁予以尘封；也不能像随手倒垃圾一样，统统丢进历史的垃圾堆。正确的态度唯有批判继承。但是，批判的目的绝不是为了批判而批判，其目的在于使其服务于今天、服务于中国。在对中央音乐学院学生信件的批示

① 毛泽东. 毛泽东选集：第 2 卷. 2 版. 北京：人民出版社，1991：534.

② 毛泽东. 毛泽东选集：第 2 卷. 2 版. 北京：人民出版社，1991：695.

③ 中共中央文献研究室. 毛泽东文集：第 3 卷. 北京：人民出版社，1996：84.

④ 毛泽东. 毛泽东选集：第 2 卷. 2 版. 北京：人民出版社，1991：708.

⑤ 毛泽东. 毛泽东选集：第 2 卷. 2 版. 北京：人民出版社，1991：707.

⑥ 中共中央文献研究室. 毛泽东文集：第 8 卷. 北京：人民出版社，1999：225.

⑦ 毛泽东. 毛泽东选集：第 3 卷. 2 版. 北京：人民出版社，1991：855.

中，毛泽东明确提出了“古为今用，洋为中用”[①] 的方针，这一方针不仅是文艺事业发展的指南针，还是传统文化批判继承的定星盘。可以说，“古为今用，洋为中用”已经把对传统文化进行批判继承的方法层次抬升至了目的层次，鲜明地揭示了对传统文化批判继承的根本用意，即服务革命和建设、满足新民主主义文化发展的需要。“古为今用”是强调学习、继承和弘扬传统文化，不是做机械的搬运工，而是要结合中国革命和建设实际、结合人民群众的真正需要，为今天的文化发展所用；“洋为中用”是说要大胆吸收外来文化中的有益部分，不是简单地嫁接，而是要服务于中国文化发展所需。类似地，毛泽东所提出的“向古人学习是为了现在的活人”[②] “继承和借鉴决不可以变成替代自己的创造”[③] 等论断，都是对“古为今用，洋为中用”方针的解释和说明。

以邓小平同志为主要代表的中国共产党人在改革开放的实践中，坚持马克思恩格斯传统文化观，在充分肯定毛泽东对待传统文化的正确态度和方法的同时，继续推进马克思恩格斯传统文化观与中国文化建设实际相结合，形成系列对待传统文化的新思想。

第一，“补课”——肃清封建主义残余。新民主主义革命的胜利、新中国的成立，让滋生封建主义思想文化的土壤不复存在。但是土壤的不复存在，并不是对封建主义残余的连根拔起，加之对于肃清封建主义残余的重要性估计不足，就导致了封建主义残余依然游离于社会主义建设的征程中。为此，邓小平完全赞成“关于补上反对封建主义思想这一课的建议”[④]，表示要把肃清封建主义残余作为党和国家领导制度改革的一项重要任务，并且具体指出要“划清三个界限”[⑤]。当然，邓小平也敏锐地捕捉到，封建主义残余往往会和资本主义思想掺杂在一起，进一步强调要把反对封建主义残余与反对资产阶级自由化倾向结合起来，

---

① 中共中央文献研究室. 毛泽东年谱：第 5 卷. 北京：中央文献出版社，2013：412.

② 中共中央文献研究室. 毛泽东文集：第 7 卷. 北京：人民出版社，1999：82.

③ 毛泽东. 毛泽东选集：第 3 卷. 2 版. 北京：人民出版社，1991：860.

④ 中共中央文献研究室. 邓小平年谱（1975—1997）：上. 北京：中央文献出版社，2004：638.

⑤ “划清三个界限”，即“划清社会主义同封建主义的界限”“划清文化遗产中民主性精华同封建性糟粕的界限”“划清封建主义遗毒同我们工作中由于缺乏经验而产生的某些不科学的办法、不健全的制度的界限”。（邓小平. 邓小平文选：第 2 卷. 2 版. 北京：人民出版社，1994：335）

不能因为肃清封建主义残余，就非此即彼地认为可以宣扬资本主义思想，资本主义的思想同封建主义残余一样都是完全错误的[①]，不能顾此失彼、迷失方向。

第二，"纠偏"——更新社会思想观念。伴随着改革开放，似乎一直以来所宣扬的传统观念，比如"重义轻利""舍己为人""个人服从集体"等传统文化中的信条，不再那么地备受提倡和重视了。如何把对待传统文化的科学态度和传统观念的现代化转型结合起来，成为摆在改革开放和社会主义现代化建设事业面前的一个重大问题，或者说重大难题。邓小平着眼于个人价值的实现、社会观念的更新，对这一问题给出了"治愈良方"。首先，邓小平强调："每个人都应该有他一定的物质利益。"[②] 物质利益的实现和满足，是最能调动每一个人劳动生产积极性的关键点，不能一味地用只讲付出牺牲、不谈利益回报的奉献精神来激发人们，这是不切实际的，也是收效甚微的。但是，邓小平进一步补充强调道，追求个人的物质利益并不是没有正确的方向和边界，不能置国家、集体和别人的利益于不顾，也不能崇尚拜金主义向"钱"看齐[③]。透过邓小平对个人利益和集体利益、国家利益的辩证关系的阐释，可以清楚地看出，邓小平把对传统文化精华的重视和继承与人们观念的现实转化有效结合起来，赋予传统文化新的时代内涵。

第三，"赓续"——钻研、吸收、融化和发展。针对林彪蓄意割裂、歪曲、庸俗化毛泽东思想的企图，邓小平旗帜鲜明地指出，这种错误的认识在文化事业、文艺方针方面也是存在的，并明确强调："毛泽东同志说，要古为今用，洋为中用，百花齐放，推陈出新。这是很完整的。可是，现在百花齐放不提了，没有了，这就是割裂。"[④] 从对毛泽东文艺思想的维护来看，邓小平对于"古为今用，洋为中用，百花齐放，推陈出新"的态度是肯定的，反映在对待传统文化的方法上也是一脉相承的。此外，邓小平在此基础上，进一步明确了正确对待传统文化的具体方法和要求，即"钻研、吸收、融化和发展"[⑤]。其中，"钻研"是正确

① 邓小平. 邓小平文选：第2卷. 2版. 北京：人民出版社，1994：337.
② 邓小平. 邓小平文选：第2卷. 2版. 北京：人民出版社，1994：337.
③ 邓小平. 邓小平文选：第2卷. 2版. 北京：人民出版社，1994：337.
④ 邓小平. 邓小平文选：第2卷. 2版. 北京：人民出版社，1994：37.
⑤ 邓小平. 邓小平文选：第2卷. 2版. 北京：人民出版社，1994：212.

对待传统文化的基础和前提，“吸收、融化”是正确对待传统文化的关键所在，而“发展”则是正确对待传统文化的目的和归宿。经过“钻研、吸收、融化和发展”的淬炼，推动传统文化创新发展，助力建设社会主义精神文明。

以江泽民、胡锦涛同志为主要代表的中国共产党人在中国特色社会主义接续发展的实践中，以马克思恩格斯对待传统文化的立场、观点和方法为指导，不断推进中国传统文化与时俱进，不断增强国家文化软实力。

第一，推进传统文化与时俱进，始终保持先进性和实践性。以江泽民同志为主要代表的中国共产党人在具体实践中，不仅形成了对于先进文化建设的精准研判，而且也明确了对于中国传统文化的科学定位。尤其是 1997 年，江泽民在哈佛大学的演讲，从历史文化的视角，向世界宣告了孕育于 5 000 多年文明发展史中的团结统一、独立自主、爱好和平、自强不息的传统①，不仅阐发了中华优秀传统文化的发展历程和精神实质，而且也强调了中华优秀传统文化在推动人类社会发展方面所作出的贡献。此外，江泽民对中国传统文化予以科学定位的同时，也强调要秉持正确的原则方法对待传统文化。江泽民指出，我国的历史文化博大多彩，囊括了从诸子百家学说到孙中山的学说，从楚辞、汉赋、乐府、唐诗、宋词到元曲等文学艺术遗产，以及影响世界的四大发明等，这些闪耀于人类文明历史星空的光荣传统，蕴含着中华民族所创造的治国思想、艺术情趣和文化传统。如何正确对待如此多样、丰富的历史遗产，江泽民进一步强调，不能精华和糟粕一起抓，要“坚持马克思主义的立场、观点、方法，坚持古为今用、推陈出新”②。

第二，弘扬中华优秀传统文化，不断增强国家文化软实力。以胡锦涛同志为主要代表的中国共产党人同样注重从中国传统文化的丰厚遗产中汲取营养、启迪智慧。胡锦涛在第十届全国人民代表大会第一次会议上，明确表示：“五千多年来，中华民族历经沧桑，创造了灿烂辉煌的中华文明。”③ 由此，足见中国传统文化在以胡锦涛同志为主要代表的

---

① 江泽民. 江泽民文选：第 2 卷. 北京：人民出版社，2006：60 - 62.

② 江泽民. 江泽民文选：第 2 卷. 北京：人民出版社，2006：302.

③ 中共中央文献研究室. 十六大以来重要文献选编：上. 北京：中央文献出版社，2005：225.

中国共产党人心目中的分量，包括之后提出的社会主义荣辱观、科学发展观、社会主义和谐文化，无不强调其“是在继承中华民族优秀文化传统的基础上提出来的”①。但是这并不意味着对于传统文化要全盘接受，胡锦涛同马克思主义经典作家一样，强调继承和创新。胡锦涛指出：“推进文化发展，基础在继承，关键在创新。”② 任何闻名于世、脍炙人口的经典，都是善于继承和勇于创新的结果。“不善于继承，没有创新的基础；不善于创新，缺乏继承的活力。”③ 此外，胡锦涛还从坚持发展中国特色社会主义道路、推进社会主义文化强国的高度，提出文化软实力这一国家富强、民族振兴的重要标志④。提升文化软实力、增强文化整体实力和竞争力，都需要从历史文化的土壤中找寻精神支撑，“必须继承和发扬中华优秀文化传统，大力弘扬中华文化，建设中华民族共有精神家园”⑤。可以说，以胡锦涛同志为主要代表的中国共产党人，进一步继承发展了马克思恩格斯传统文化观。

三、习近平新时代中国特色社会主义思想是“两个结合”的典范

党的十九届六中全会审议通过的《中共中央关于党的百年奋斗重大成就和历史经验的决议》，一个突出亮点和重大贡献就在于对习近平新时代中国特色社会主义思想的概括和阐释，具体指出：“习近平新时代中国特色社会主义思想是当代中国马克思主义、二十一世纪马克思主义，是中华文化和中国精神的时代精华，实现了马克思主义中国化新的飞跃。”⑥ 党的十八大以来，以习近平同志为核心的党中央，坚持马克思恩格斯对待传统文化的立场、观点和方法，在延续和创新中国共产党对待传统文化的科学态度的基础上，提出了关于中华优秀传统文化的重要论述，在“两个结合”中不断开辟马克思主义中国化时代化新境界。可以说，习近平新时代中国特色社会主义思想就是“两个结合”的生动典范。

第一，坚持把马克思主义基本原理同中华优秀传统文化相结合。“坚持把马克思主义基本原理同中国具体实际相结合、同中华优秀传统

① 胡锦涛. 胡锦涛文选：第 2 卷. 北京：人民出版社，2016：438.
② 胡锦涛. 胡锦涛文选：第 2 卷. 北京：人民出版社，2016：542.
③ 胡锦涛. 胡锦涛文选：第 2 卷. 北京：人民出版社，2016：543.
④ 胡锦涛. 胡锦涛文选：第 3 卷. 北京：人民出版社，2016：639.
⑤ 胡锦涛. 胡锦涛文选：第 3 卷. 北京：人民出版社，2016：565.
⑥ 中共中央关于党的百年奋斗重大成就和历史经验的决议. 北京：人民出版社，2021：26.

文化相结合”①是习近平总书记对马克思主义中国化时代化的创新性贡献。当然，习近平新时代中国特色社会主义思想“是中华文化和中国精神的时代精华”②，也是对这一问题的深刻诠释。在推动二者结合的过程中，习近平总书记围绕中华优秀传统文化，提出一系列具有原创性的新思想、新理念。从马克思主义的角度来看，只有同中华优秀传统文化相结合，马克思主义才能更好地扎根中国大地开花结果。可以说，正是因为同中华优秀传统文化相结合，马克思主义才在中国化时代化过程中逐渐落地生根，在理论上才更有解释力，在实践上才更有推动力，在文化上才更有吸引力。从中华优秀传统文化的角度来看，“如果没有中华五千年文明，哪里有什么中国特色？如果不是中国特色，哪有我们今天这么成功的中国特色社会主义道路?”③ 中华优秀传统文化在滋养中国精神、中国价值和中国力量的过程中，必然需要与马克思主义基本原理相结合，唯有此才能激活自身的生命力，实现自身价值最大化。

第二，中华优秀传统文化是一个国家、一个民族传承和发展的根本。习近平总书记在中共中央政治局第三十九次集体学习时强调，“要深入了解中华文明五千多年发展史，把中国文明历史研究引向深入”，并明确指出，“中华优秀传统文化是中华文明的智慧结晶和精华所在，是中华民族的根和魂，是我们在世界文化激荡中站稳脚跟的根基”④。它不仅关乎文化自身的繁荣发展，也关乎我们党、我们国家的前途命运。习近平总书记用极为生动形象的“根和魂”，鲜明地体现了中华优秀传统文化涵养中华民族生存发展的极端重要性。回溯 5 000 多年的文明发展，中华民族创造了博大精深的文化，虽然在岁月蹉跎中，阅尽朝代更迭、历经外族入侵，但是依然绵延数千年而不绝，成为世界文明史上唯一没有中断的文化，鲜明地表征着我们的精神追求、精神基因和精神标识。由此，作为我们中华民族传承和发展之根本的中华优秀传统文化，我们怎可抛、怎可弃？如果丢掉了，无异于割断了我们中华民族的精神命脉⑤，是万万使不得的。

---

① 习近平. 在庆祝中国共产党成立 100 周年大会上的讲话. 北京：人民出版社，2021：13.

② 中共中央关于党的百年奋斗重大成就和历史经验的决议. 北京：人民出版社，2021：26.

③ 习近平. 在文化传承发展座谈会上的讲话. 北京：人民出版社，2023：5.

④ 习近平在中共中央政治局第三十九次集体学习时强调 把中国文明历史研究引向深入 推动增强历史自觉坚定文化自信. 人民日报，2022-05-29 (1).

⑤ 习近平. 习近平谈治国理政：第 2 卷. 北京：外文出版社，2017：313.

第三，中华优秀传统文化蕴含着解决当代人类面临的难题的重要启示。习近平总书记曾在多个会议上讲到民本思想、家国情怀、仁爱思想、正义观念、诚信理念、和合思想、大同理想等，这些思想和理念其实就是既具民族特色又显时代价值的中华优秀传统文化重要内容的具体体现。可以说，在中华民族的文化星河中，始终闪烁着智慧火花的哲学思想、人文精神、教化思想、道德理论历久弥新，它们蕴含着解决当代人类面临的难题的重要启示，可以为人们认识世界和改造世界提供有益启迪，可以为道德建设提供有益启发，可以为治国理政提供有益启示①。习近平总书记不仅从全面整体的角度，来阐发中华优秀传统文化的重要内容，还强调要深入挖掘和阐发中华优秀传统文化的基本精神。习近平总书记指出，要“深入挖掘和阐发中华优秀传统文化讲仁爱、重民本、守诚信、崇正义、尚和合、求大同的时代价值”②。可以说，这六个方面，穿越时空，富有永恒意义。

第四，实现中华优秀传统文化的创造性转化、创新性发展。着眼于中国特色社会主义文化的建设发展，对待中华优秀传统文化的核心要义，就是“坚持把马克思主义基本原理同中国具体实际相结合、同中华优秀传统文化相结合，不断推动马克思主义中国化时代化，推进了中华优秀传统文化创造性转化、创新性发展”③。首先，这是对中国共产党历届主要领导人所提出的“古为今用、推陈出新”的继承和发展。创造性转化和创新性发展不是相对于古为今用、推陈出新的另辟蹊径，而是中国共产党结合具体实际创新发展马克思恩格斯传统文化观的延续和升华。其次，这不是简单延续历史文化的母版，而是要有辨别地认识其中的积极成分和消极成分，有选择地加以运用。既要以现代表达形式替代那些陈旧但仍有启发意义的表现形式，又要补充、拓展、完善中华优秀传统文化中尚未显露或者并无体现的内涵表达，在创造性转化和创新性发展中增强中华优秀传统文化的影响力和感召力④。最后，这有其具体的

① 习近平. 在纪念孔子诞辰2565周年国际学术研讨会暨国际儒学联合会第五届会员大会开幕会上的讲话. 人民日报，2014－09－25（2）.

② 习近平. 习近平谈治国理政：第1卷. 2版. 北京：外文出版社，2018：164.

③ 习近平在中共中央政治局第三十九次集体学习时强调 把中国文明历史研究引向深入 推动增强历史自觉坚定文化自信. 人民日报，2022－05－29（1）.

④ 中共中央宣传部. 习近平新时代中国特色社会主义思想学习纲要. 北京：人民出版社，2019：147.

原则和要求。习近平总书记先后提出，“要坚持古为今用、洋为中用，去粗取精、去伪存真”① “与当代文化相适应、与现代社会相协调” “继承优秀传统文化又弘扬时代精神、立足本国又面向世界”② “不忘本来、吸收外来、面向未来”③。要把这些原则和要求，充分体现于中华优秀传统文化的赓续传承和创新发展的过程之中。

第五，让中华优秀传统文化同世界各国优秀文化一道造福人类。文化具有以文化人的价值功能，不仅要在中华民族的土壤上生根发芽，还要在世界的舞台上融合繁荣。文化是民族的，也是世界的。我国既是拥有 5 000 多年历史的文明古国，又是充满活力的现代东方大国，凭借丰富多样的自然和人文景观，在世界文化和自然遗产的列表中排名高居榜首。历史上，中华优秀传统文化以其独特形式和内容，开拓着世界多元文化的源流；以其鲜明理念和价值，影响着人类社会文明的演进。在未来，相信我们中华儿女将会在实现中华民族伟大复兴中国梦的进程中，按照时代的新发展和新要求，用马克思主义真理力量焕发中华优秀传统文化的生机活力，“让世界了解中国历史、了解中华民族精神”④。

第二节　中华优秀传统文化同科学社会主义价值观主张高度契合

中华优秀传统文化同科学社会主义价值观主张具有高度契合性是新时代中国共产党人在推进马克思主义中国化时代化过程中提出的崭新理论命题。习近平总书记指出：“马克思主义中国化时代化这个重大命题本身就决定，我们决不能抛弃马克思主义这个魂脉，决不能抛弃中华优秀传统文化这个根脉。坚守好这个魂和根，是理论创新的基础和前提。”⑤ 在文化传承发展座谈会上，习近平总书记对中华文明和中华优

① 习近平．习近平谈治国理政：第 1 卷．2 版．北京：外文出版社，2018：156.

② 习近平．习近平谈治国理政：第 1 卷．2 版．北京：外文出版社，2018：161.

③ 习近平．习近平谈治国理政：第 1 卷．2 版．北京：外文出版社，2018：106.

④ 习近平．建设中国特色中国风格中国气派的考古学 更好认识源远流长博大精深的中华文明．求是，2020 (23).

⑤ 习近平在中共中央政治局第六次集体学习时强调 不断深化对党的理论创新的规律性认识 在新时代新征程上取得更为丰硕的理论创新成果．人民日报，2023-07-02 (1).

秀传统文化作了系统论述，深刻揭示了马克思主义基本原理同中华优秀传统文化相结合的科学内涵和重大意义，明确提出："'结合'的前提是彼此契合。'结合'不是硬凑在一起的。马克思主义和中华优秀传统文化来源不同，但彼此存在高度的契合性。"① 相互契合才能有机结合。在新的起点上继续推动文化繁荣、建设文化强国、创造中国式现代化的文化形态，必须深化对这一科学命题的理论探究，系统把握中华优秀传统文化与科学社会主义价值观主张的基本内容，着力挖掘二者高度契合的基本议题。

一、对"高度契合"的总体性认识和把握

党的二十大报告中，习近平总书记在阐释"第二个结合"科学内涵时首次明确提出，中华优秀传统文化中蕴含的思想精华，是中国人民宇宙观、天下观、社会观、道德观的重要体现，并在此基础上指明其"同科学社会主义价值观主张具有高度契合性"②，深刻诠释了马克思主义基本原理同中华优秀传统文化之所以能够结合的深层原因。在文化传承发展座谈会上，习近平总书记立足于深刻理解"两个结合"的重大意义，再次明确指出"'结合'的前提是彼此契合"③。而要系统把握二者的"高度契合"，则需要厘清其思想渊源与逻辑关联。

第一，从文化基因的先在状态来看，"高度契合"体现了中华优秀传统文化同科学社会主义价值观主张天然地具有共通性。"契合"从词义来看，意在凸显相比较的二者不经互动融通，在自然静态的比较中就天然地具有共同性、一致性、共通性。习近平总书记指出，"在漫长的历史进程中，中华民族以自强不息的决心和意志，筚路蓝缕，跋山涉水，走过了不同于世界其他文明体的发展历程"④，从中积淀形成的中华优秀传统文化是中华文明的智慧结晶和精华所在，是中华民族的根和魂，蕴含着深厚的民族智慧和独特的文化基因，为中华民族生生不息、发展壮大提供了强大支撑。中华优秀传统文化流动于中华民族的生活方式之中、传统的风俗民情之中，凝聚于包括儒墨道法诸子百家经史子集

---

① 习近平. 在文化传承发展座谈会上的讲话. 北京：人民出版社，2023：5.

② 中共中央宣传部. 习近平文化思想学习纲要. 北京：学习出版社，2024：32.

③ 习近平. 在文化传承发展座谈会上的讲话. 北京：人民出版社，2023：5.

④ 习近平. 把中国文明历史研究引向深入 增强历史自觉坚定文化自信. 求是，2022 (14).

的经典之中，是中国古人正确处理个人与他人、群体、社会，乃至整个宇宙自然关系的智慧结晶。科学社会主义价值观主张作为国际共产主义运动唤醒工农千百万的价值理念，内含于社会主义运动、理论、制度之中，是基于客观的、现实的、全面的经济事实去研析人类社会的理想价值追寻①。科学社会主义价值观主张代表了无产阶级与共产党人反对剥削、消灭私有制的价值追求，其内在地要求以科学的世界观和方法论来认识世界、改造世界，正确处理人与人、人与社会、人与自然的关系。在文化发生学意义上，中华优秀传统文化与科学社会主义价值观主张是两种各自独立的思想体系，但就其内在的文化基因来说，二者都深刻包含着对现实的认识与思考，在价值取向、价值理念、价值理想、价值判断等价值观层面具有在形式上相互交叠、在内容上相互补充、在互动过程中相互影响的天然共通之处。从某种程度上说，马克思主义基本原理同中华优秀传统文化相结合作为一个实践基础上理论创新的发展过程，就是两个先天具有高度契合性的思想体系融通发展的过程。也正是因为存在“高度契合”的文化基因，马克思主义在中国大地牢牢扎根才有了可能。

第二，从思想体系的开放特性来看，“高度契合”是中华优秀传统文化与科学社会主义价值观主张在自身发展过程中开放包容的结果显现。作为世界上唯一绵延不断且以国家形态发展至今的文明形态，“中华文明从来不用单一文化代替多元文化，而是由多元文化汇聚成共同文化，化解冲突，凝聚共识”②。中华文明以海纳百川、有容乃大的胸怀和格局，塑造中华文化的繁盛与广博，为人类文明繁荣与人类历史进步贡献中国智慧。习近平总书记指出：“只有中华民族这样的具有开放包容胸怀的民族，才会容纳世界不同文明在此交融交汇。”③ 从一定意义上看，中华文明 5 000 多年的发展就是百花齐放、百家争鸣的过程，不同思想文化的交流交融构成了中华文明源远流长、更新发展的内在动力。同样地，科学社会主义价值观主张也是在吸收借鉴世界文明优秀成果中产生的，具有开放性和发展性。其必须本土化才能扎根成长，必须

---

① 康晓强. 论中华优秀传统文化同科学社会主义价值观主张的高度契合性. 马克思主义研究，2023（5）.

② 习近平. 在文化传承发展座谈会上的讲话. 北京：人民出版社，2023：4.

③ 习近平. 在敦煌研究院座谈时的讲话. 求是，2020（3）.

时代化才能枝繁叶茂，不能停留在某一特定的论调、论说上，并以此作为裁剪、衡量一切价值观的万能公式，而是要植根于生活世界的现实实践和鲜活行动之中，在现实社会运动中追寻应然的价值。此外，马克思恩格斯对中国问题的关注，也使得科学社会主义价值观主张从一开始就天然地已经吸收了中华文化的元素。如马克思恩格斯曾感慨道：“有一点仍然是令人欣慰的，即世界上最古老最巩固的帝国”已经“处于社会变革的前夕”①，其大门上鲜亮地书写着“中华共和国”。从这一视角来看，中华优秀传统文化与科学社会主义价值观主张绝非截然割裂的，科学社会主义价值观主张形成发展的思想渊源中本身就蕴含着中华文化的元素，这既是二者理论生成的逻辑使然，也由思想体系的开放特性所决定。

第三，从理论创新的发展逻辑来看，“高度契合”处于中华优秀传统文化同科学社会主义价值观主张“契合-结合-贯通融通”发展链条的逻辑起点。相互契合才能有机结合，有机结合才能实现贯通融通。从契合到结合再到贯通融通，勾勒了马克思主义中国化时代化的逻辑链条。“高度契合”决定了马克思主义在中国传播的可能性，但马克思主义在中国真正地开花结果，还需要在同中国具体实际相结合、同中华优秀传统文化相结合的过程中展现生机活力，达到“马克思主义思想精髓同中华优秀传统文化精华贯通起来、同人民群众日用而不觉的共同价值观念融通起来”②。把中华优秀传统文化精华挖掘出来，并不能自然实现“第二个结合”，还必须把文化精华放在当前中国特色社会主义发展的现实背景下，依据马克思主义中国化时代化的要求，对陈旧的表达形式加以改造、完善，对仍有借鉴价值的合理内容加以拓展、补充，赋予其新的时代内涵和现代表达形式，进而形成真正意义上的价值契合。此外，人民群众日用而不觉的共同价值观念凝结着中国人的哲学思想、人文精神、价值理念、道德规范。实现“契合”基础上的“结合”，还必须注重人民群众的价值诉求，通过人们日用而不觉的共同价值观念，推动马克思主义科学真理“飞入寻常百姓家”，转化为人民群众强大的思想武器。但是必须清醒地看到，中华优秀传统文化与包括科学社会主义价值

① 马克思，恩格斯．马克思恩格斯全集：第7卷．北京：人民出版社，1959：265.

② 习近平．高举中国特色社会主义伟大旗帜 为全面建设社会主义现代化国家而团结奋斗：在中国共产党第二十次全国代表大会上的报告．北京：人民出版社，2022：18.

观主张在内的马克思主义基本原理并不处于同等地位，而是“用马克思主义激活中华优秀传统文化中富有生命力的优秀因子并赋予新的时代内涵”①，马克思主义始终处于主导意识地位，中华优秀传统文化是支援意识，不能轻重失宜、本末倒置，这是站在社会形态更替的高度来审视马克思主义和中华优秀传统文化关系的必然结果②。

需要指出的是，我们在看到中华优秀传统文化同科学社会主义价值观主张高度契合的同时，也要看到它们基于不同的社会形态、生产方式和价值立场等所必然造成的差异和张力。也就是说，不能因为二者之间的契合性而看不到彼此之间的对立性，从而将它们混为一谈，相互取代；也不能放大二者之间的对立性而遮盖住彼此之间的契合性，从而将它们简单对立，机械割裂。因此，必须坚持运用辩证唯物主义具体分析中华优秀传统文化同科学社会主义价值观主张的高度契合性。其中，宇宙观、天下观、社会观、道德观集中体现着中国人正确处理人与自然、民族与世界、人与社会、人与人之间关系的基本观点，涵盖实然与应然、国内与国际、个人与集体等多重面向，是深刻把握中华优秀传统文化同科学社会主义价值观主张的重要支点。

二、宇宙观：在正确处理人与自然关系上的高度契合

宇宙观是人们对整个宇宙的总的看法，人与自然的关系是宇宙观中的核心议题。自人类诞生以来，从最初的自然界是“作为一种完全异己的、有无限威力的和不可制服的力量与人们对立的，……人们就像牲畜一样慑服于自然界”③，到人们疯狂地征服自然、掠夺自然，诱发种种生态危机，再到我们今天强调绿水青山就是金山银山，共同构建人与自然的生命共同体，实现人与自然的和谐共生，深刻反映了对人与自然关系的思考是人们认识和改造世界的历史必然。而“天人合一”作为中华优秀传统文化的精髓，强调从统一性、和谐性中把握人与自然的关系，同科学社会主义价值观主张在宇宙观层面具有高度契合性。

① 习近平在中共中央政治局第六次集体学习时强调 不断深化对党的理论创新的规律性认识 在新时代新征程上取得更为丰硕的理论创新成果. 人民日报，2023－07－02（1）.

② 陈先达. 马克思主义和中国传统文化. 北京：人民出版社，2015：4.

③ 马克思，恩格斯. 马克思恩格斯文集：第1卷. 北京：人民出版社，2009：534.

（一）将人类视为自然界长期发展的产物

人是自然界的一部分，是自然界发展的历史产物。中华文明是以农耕为基础产生发展起来的文明，以“天”为统摄的自然力量对于生产生活有着重大影响。因此，认识“天”，与“天时”保持一致，就成为中华文化宇宙观的基本取向。《周易·序卦》从朴素唯物主义出发，肯定人是自然界的产物，指出“有天地，然后有万物；有万物，然后有男女；有男女，然后有夫妇”。孟子基于人是天造之物，提出“尽其心者，知其性也。知其性，则知天矣”（《孟子·尽心上》），既在本体意义上强调人与自然的相通性，即天与人在构造、本根和原始性能上相通，又揭示两者在觉解意义上的相通性，即人觉悟认识到了自身与天之间的内在统一性①。庄子说“天地与我并生，而万物与我为一”（《庄子·齐物论》），同样说明了人的生命是自然赋予的，自然是人类生存之基。张载明确提出“天人合一”的命题，并指出“乾称父，坤称母；予兹藐焉，乃混然中处。故天地之塞，吾其体；天地之帅，吾其性。民，吾同胞；物，吾与也”（《正蒙·乾称》），肯定人是天地的产物即自然的产物。不同于古代中国，传统上西方把人与自然看作是对立的，视自然界为人类征服的对象。但在科学社会主义价值观主张中，“人直接地是自然存在物”②，既是具有自然力、生命力的能动的自然存在物，又是像动植物一样被动的、受制约的和受限制的存在物。马克思提出“历史是人的真正的自然史”③，把人类的历史和自然的历史同等看待，并强调人类的历史是自然史的“现实部分”。恩格斯批判人与自然对立的观点，强调“我们连同我们的肉、血和头脑都是属于自然界和存在于自然界之中的”④。也就是说，科学社会主义价值观主张将人与自然作为一个对立统一体来看待，并且认为人类实践得越多，“越是不仅再次地感觉到，而且也认识到自身和自然界的一体性，那种关于精神和物质、人类和自然、灵魂和肉体之间的对立的荒谬的、反自然的观点，也就越不可能成立了”⑤。

---

① 焦国成. 中国伦理学通论：上册. 太原：山西教育出版社，1997：78.

② 马克思，恩格斯. 马克思恩格斯文集：第1卷. 北京：人民出版社，2009：209.

③ 马克思，恩格斯. 马克思恩格斯文集：第1卷. 北京：人民出版社，2009：211.

④ 马克思，恩格斯. 马克思恩格斯文集：第9卷. 北京：人民出版社，2009：560.

⑤ 马克思，恩格斯. 马克思恩格斯文集：第9卷. 北京：人民出版社，2009：560.

（二）坚持遵循自然规律自觉地开展人类活动

自然界有普遍规律，人类的活动必须服从自然规律。当然人也不是完全被动的，能够发挥主观能动作用。“道”是中国传统文化中的核心理念，中国古代把自然规律和自然法则视为“天道”。那么，天人关系也就是天道、天理、宇宙的总规律与人之道、人类社会生活遵循的伦理道德规范之间的关系。在漫长的历史过程中，中国人对天人关系的认识先后经历了尊神敬鬼、以德配天、崇尚天道、尊人重行、尊尚天时，进而集中表达为天人合一的宇宙观。这种宇宙观一方面体现了对自然以及自然规律的敬畏、崇拜和遵循，另一方面也反映了由尊天走向重人的转变，人的能动作用得到了重视。《周易·乾》提出：“夫大人者，与天地合其德，与日月合其明，与四时合其序，与鬼神合其吉凶，先天而天弗违，后天而奉天时，天且弗违，而况于人乎？”这里的“先天”“后天”表达的就是遵循自然的变化规律，在自然变化之前对自然加以引导的观点。荀子说“天行有常，不为尧存，不为桀亡”（《荀子·天论》），老子强调“人法地，地法天，天法道，道法自然”（《道德经》），旨在强调天的存在和运行不会因为人的意志而转移，主张人类应遵循自然演进运行的客观规律。当然，荀子还说“从天而颂之，孰与制天命而用之”（《荀子·天论》），这就把以前天主宰人的观念颠倒过来了，充分表现了对人自身主观能动性的自信。科学社会主义价值观主张同样认为自然界有其自身的内在逻辑，要在尊重客观规律的基础上发挥主观能动性，自觉地认识自然、改造自然。马克思指出：“一个社会即使探索到了本身运动的自然规律……它还是既不能跳过也不能用法令取消自然的发展阶段”①，因为这种规律是“以铁的必然性发生作用”② 的。但人类并不是完全被动地适应自然，可以“通过他所作出的改变来使自然界为自己的目的服务，来支配自然界”③。恩格斯还曾强调，正是通过自身与自然界关系的长期历史实践，人们逐步形成了对人与自然关系的理性把握，“我们一天天地学会更正确地理解自然规律，学会认识我们对自然界习常过程的干预所造成的较近或较远的后果”④。

① 马克思，恩格斯. 马克思恩格斯文集：第5卷. 北京：人民出版社，2009：9-10.
② 马克思，恩格斯. 马克思恩格斯文集：第5卷. 北京：人民出版社，2009：8.
③ 马克思，恩格斯. 马克思恩格斯文集：第9卷. 北京：人民出版社，2009：559.
④ 马克思，恩格斯. 马克思恩格斯文集：第9卷. 北京：人民出版社，2009：560.

（三）追求实现人与自然和谐共生、共同发展

人是自然系统不可缺少的要素，人类活动的目标不是统治自然、征服自然，而是与自然界共生共荣。以农耕为基础的文明必然强调与自然协调、与四时合序和因地制宜。所以，中国古代一贯强调人己物我是相互贯通、同属一体的存在，主张人类的发展必须与自然和谐相处。早在《周易·系辞上》中就有“范围天地之化而不过，曲成万物而不遗”的理想境界，强调按照四时之道，在暑往寒来的自然变化中，达到“谓天地所生之物各有其宜”（《周易正义》）。包括《礼记·中庸》中说“可以赞天地之化育，则可以与天地参矣”，这不仅是对圣人、君子道德修养的要求，也在人与自然关系的意义上蕴含着万物一体、万物和谐的意识。孟子曾云：“不违农时，谷不可胜食也；数罟不入洿池，鱼鳖不可胜食也；斧斤以时入山林，材木不可胜用也。”（《孟子·梁惠王上》）荀子亦言：“草木荣华滋硕之时，则斧斤不入山林，不夭其生，不绝其长也。”（《荀子·王制》）在科学社会主义价值观主张中，坚持人与自然和谐共生的思想体现得更为直接。马克思从人的实践活动出发看待人与自然的关系，强调把人与自然统一起来的既不是黑格尔的抽象的绝对理念，也不是费尔巴哈的直观的自然界，而是人的现实的劳动实践。恩格斯具体分析了资本主义大生产造成的环境污染和生态破坏，以及对工人阶级的严重危害，发出了“我们不要过分陶醉于我们人类对自然界的胜利。对于每一次这样的胜利，自然界都对我们进行报复”① 的警告，并提出要实现“人类与自然的和解以及人类本身的和解”②。

三、天下观：在正确处理民族与世界关系上的高度契合

天下观是人们对世界公共秩序的系统认识。天下并不是纯粹的地理概念，而是在特定经济、政治和文化基础上所建构的共同体意识。追求“天下为公”的天下观是中华民族的政治理想，蕴含着中国古人对美好世界的向往。科学社会主义的共产主义价值理想与中华民族“天下为公”的大同理想高度契合，共同反映着追求全人类共同发展的世界胸怀。

---

① 马克思，恩格斯. 马克思恩格斯文集：第 9 卷. 北京：人民出版社，2009：559－560.

② 马克思，恩格斯. 马克思恩格斯文集：第 1 卷. 北京：人民出版社，2009：63.

（一）追求人类美好生活的大同愿景

站在全人类的高度，打破国家、民族和意识形态的界限，构建能够共同应对挑战、共享发展成果的理想社会，是中华优秀传统文化与科学社会主义价值观主张对人类美好生活的共同憧憬。自古以降，中华民族就秉持着“天下无外”的理念，从整体上看待问题，显现着面朝世界、面向未来的格局。从《尚书·尧典》中的“克明俊德，以亲九族。九族既睦，平章百姓。百姓昭明，协和万邦”，到《周易·乾》中的“乾道变化，各正性命，保合大和，乃利贞。首出庶物，万国咸宁”，再到《论语·颜渊》中的“四海之内皆兄弟也”，无不映现着中国古人协和万邦、万国咸宁、天下一家的理想追求。尤其是《礼记·礼运》所描绘的大同社会愿景，生动展现了一个人人都能受到全社会的关爱、人人都能安居乐业，物尽其用、人尽其力的大同社会，表达了中国古人对美好生活的向往。值得注意的是，科学社会主义传入中国，一开始就是被作为大同来认识的，这在一定程度上反映了科学社会主义价值观主张与中华民族所追求的大同愿景具有内在契合性①。马克思恩格斯终其一生致力于人类社会发展规律的探索，旨在构建一个消灭剥削和压迫、人类得到自由而全面发展的理想社会。在马克思恩格斯看来，人类生存的理想状态是共同体。但在资本主义社会，“真正的共同体”被虚假的共同体所取代。那么，什么是“真正的共同体”呢？就是人的现实生活本身，就是在实际生活中体现出来的人之为人的全部类本质和发展本质②。马克思恩格斯在《共产党宣言》中明确指出：“代替那存在着阶级和阶级对立的资产阶级旧社会的，将是这样一个联合体，在那里，每个人的自由发展是一切人的自由发展的条件。”③ 所以，马克思所描绘的未来社会是一个“以每一个个人的全面而自由的发展为基本原则的社会形式”④。在那里，生产力高度发达，劳动时间大为缩短，每个人都有自由时间来实现自由全面发展，社会关系高度和谐，社会成员具有高度的幸福感。由此可见，中华优秀传统文化和科学社会主义价值

---

① 何中华. 马克思与孔夫子：一个历史的相遇. 北京：中国人民大学出版社，2021：271.

② 马克思，恩格斯. 马克思恩格斯全集：第 3 卷. 2 版. 北京：人民出版社，2002：394.

③ 马克思，恩格斯. 马克思恩格斯文集：第 2 卷. 北京：人民出版社，2009：53.

④ 马克思，恩格斯. 马克思恩格斯文集：第 5 卷. 北京：人民出版社，2009：683.

观主张都主张从全人类的高度，站在世界历史的宏观背景下，正确认识世界和民族，以追求人类美好生活的大同愿景。

（二）主张天下为公为民的价值取向

天下为天下人所共有，而非一人一姓所私有。在中华民族的历史长河中，尽管人们对公与私实际内涵的理解有所差异，但是天下为公、民为邦本始终是中华民族的主流价值取向。《尚书·周官》有“以公灭私，民其允怀”的说法，《诗经》中也有“夙夜在公”的提法。尤其是《吕氏春秋·贵公》提出“天下非一人之天下也，天下之天下也。阴阳之和，不长一类；甘露时雨，不私一物；万民之主，不阿一人”。这些观点都鲜明地表达了天下乃天下人所共有，而非君主的独家私有物的态度，并且强调贵公主义与天道一致，天道无私，人道亦应无私。明清之际的顾炎武、王夫子，以及清代颜元，从天下兴亡、古今通义、为人为道等角度阐述为公思想。天下国家之公利，说到底就是民众之利。所以，站在人民的立场看待公与私，坚持民为邦本始终是中华民族的优良传统。无论是先秦时期先贤所说的“民惟邦本，本固邦宁”（《尚书·五子之歌》）、“民为贵，社稷次之，君为轻”（《孟子·尽心下》）、“治国有常，而利民为本”（《淮南子·氾论训》），还是后续人们所强调的“民存则社稷存”（《申鉴·杂言上》）、“民者，邦之命脉”（《宋史·危昭德》）等，都体现了中华民族对于国家稳定以及执政规律的深刻认识，表达了中华民族主张天下为公、为民的价值取向。科学社会主义聚焦改变资本主义世界、建设社会主义世界，第一次站在无产阶级和广大人民群众的立场上，探求人类社会发展规律和人类自由解放道路，这与中华民族天下为公、民为邦本的价值主张有着异曲同工之处。马克思恩格斯明确提出：“共产党人可以把自己的理论概括为一句话：消灭私有制。”① 可以说，消灭私有制和阶级对立，建立一个没有压迫、没有剥削、人人平等、人人自由的理想社会，是马克思主义理论体系的核心。资本主义是以私人资本为基础、由资产阶级统治的社会形态，私有制也是建立在一些人对另一些人剥削上的最后且最完备的表现。马克思恩格斯基于对人类社会发展规律的科学认识，提出“资产阶级的灭亡和无产阶级的胜利是同样不可避免的”②，并且强调“无产阶级的运动是绝大多数人的，

① 马克思，恩格斯. 马克思恩格斯文集：第 2 卷. 北京：人民出版社，2009：45.

② 马克思，恩格斯. 马克思恩格斯文集：第 2 卷. 北京：人民出版社，2009：43.

为绝大多数人谋利益的独立的运动”①。

（三）秉持为世界谋大同的使命担当

以世界眼光关注人类前途命运，始终站在历史正确的一边，站在人类进步的一边，是人类社会发展进步的潮流。对于中华民族而言，“家”与“国”有着独特的精神释义和文化意象，家是构成国的基本单元，国是以家为辐射核心向外延展的共同体。家是最小国，国是千万家。家国一体、家国天下，既是中华文明薪火相传的深层逻辑，也是中华民族发展进步的内在支撑。舍小家为大家、以天下为己任，从来都是中华文化的核心基因和中华民族的精神标识。孔子对“如有博施于民而能济众，何如?”（《论语·雍也》）的高度肯定，孟子所秉持的“乐以天下，忧以天下”（《孟子·梁惠王下》）的忧患意识，张载“为天地立心，为生民立命，为往圣继绝学，为万世开太平”（《张载集·朱轼康熙五十八年本张子全书序》）的横渠四句，以及顾炎武发出的“天下兴亡匹夫有责”的倡导等，都鲜明表达了千百年来中华儿女以天下为己任的追求和担当。可以说，胸怀天下已经成为融入中华民族血脉中的自觉，为中华民族的生生不息、发展壮大提供强大的精神支撑。无独有偶，马克思恩格斯穷其一生也都在为全人类解放、实现共产主义而奋斗。什么是共产主义？恩格斯回答：“共产主义是关于无产阶级解放的条件的学说。”② 可以说，马克思主义是人类思想史上第一次以科学的形态阐释共产主义的学说，它不仅基于唯物史观论证了共产主义这一大同社会的历史必然性，还指明了实现共产主义的现实道路，那就是以科学理论指导没有本阶级一己之利、代表全人类根本利益的无产阶级联合起来，通过无产阶级革命经过无产阶级专政的社会主义过渡到共产主义的大同社会。正如习近平总书记所指出的：“马克思主义博大精深，归根到底就是一句话，为人类求解放。”③ 所以，历史发展必然趋势的实现不是一个完全自发的过程，也不是一个无主体的过程，而是人们践行为人类谋进步、为世界谋大同的使命担当的过程。

---

① 马克思，恩格斯. 马克思恩格斯文集：第2卷. 北京：人民出版社，2009：42.

② 马克思，恩格斯. 马克思恩格斯文集：第1卷. 北京：人民出版社，2009：676.

③ 习近平. 在纪念马克思诞辰200周年大会上的讲话. 北京：人民出版社，2018：8.

四、社会观：在正确处理人与社会关系上的高度契合

人不是纯粹独立的个人，只有在社会中才能实现自由而全面的发展。"建设什么样的社会，怎样建设社会"是人类社会亘古不变的命题，也是社会观中的核心议题。中华优秀传统文化与科学社会主义价值观主张都致力于建设美好社会、促进社会和谐，两者在正确处理人与社会关系上具有广泛的一致性。

（一）认为个人与社会相互依存

人并非孤立的个体，社会是人的存在形式。中国人自古以来有一个核心的价值观念，那就是任何一个人都不是孤零零的个体，都不以个人意志为转移地和他人、群体、社会，乃至整个宇宙自然紧密联系在一起，自我、他人、群体、社会乃至整个宇宙自然是一个密不可分的息息相通的有机整体。所以，中华文化始终强调个人与社会的辩证统一。荀子说："力不若牛，走不若马，而牛马为用，何也？曰：人能群，彼不能群也。"（《荀子·王制》）"能群"是人能胜过牛马的原因，凸显了社会对于人类生存的重要性。张载也曾说："物无孤立之理。"（《正蒙·动物》）也就是说，包括人在内的任何事物都不能脱离社会、宇宙这个整体而存在。正是从整体主义的角度看待个人与社会的关系，所以中华民族历来重视整体利益，主张重义轻利。孔子认为"君子喻于义，小人喻于利"（《论语·里仁》），孟子指出"舍生而取义者也"（《孟子·告子上》），这些都反映了中国古人对于群己、义利关系的深刻认识。在科学社会主义价值观主张中，马克思通过对资本主义生产方式给人带来本质性异化的批判，正确揭示了人的本质，同样把个人与社会的辩证统一作为考察现实的人和现实的社会的出发点和前提。马克思指出："首先应当避免重新把'社会'当做抽象的东西同个体对立起来。个体是社会存在物。"① 马克思并不否认个人在社会中的作用，他把个人看作社会存在的现实基础。个人行为或活动从不同方面创造着构成社会的各种要素，形成一定的社会关系，产生客观的社会结构。在看到个人作用的同时，马克思也强调社会对个人的支配和决定作用。他指出："人的本质不是单个人所固有的抽象物，在其现实性上，它是一切社会关系的总

① 马克思，恩格斯．马克思恩格斯文集：第1卷．北京：人民出版社，2009：188.

和。”[①] 也就是说，个人是由社会关系所决定的，个人的生存和发展离不开一定的社会关系和社会历史条件。个人只能基于特定的社会历史条件，在一定的社会关系中从事基本的生产活动。

（二）主张社会以多样性统一的形式而存在

社会是由具体的人所组成的有机系统。社会的和谐稳定、长足发展是系统各要素多样性和差异性统一的结果。中华民族一直以来追求和而不同的和谐境界。早在西周末年，史伯就意识到当时最大的弊端是“去和而取同”，而事物的发展应该遵循“和实生物，同则不继”（《国语·郑语》）的规律，孔子提出“君子和而不同，小人同而不和”（《论语·子路》）。“同”是绝对一致，没有差异和变动，代表的是单调、缺乏活力和生命力的指向；“和”则是相对的一致，是多中有一、一中有多，表征着对立的事物通过调节而达到平衡和谐的状态。就像老子所说：“故有无相生，难易相成，长短相较，高下相倾，音声相和，前后相随。”（《道德经》）正是基于和而不同的追求，中华民族始终秉持着“和为贵”的理念，讲究“讲信修睦”“亲仁善邻”，妥善处理地区与地区、民族与民族、国家与国家之间的冲突。习近平总书记深刻总结道：“古往今来，中华民族之所以在世界有地位、有影响，不是靠穷兵黩武，不是靠对外扩张，而是靠中华文化的强大感召力和吸引力。我们的先人早就认识到‘远人不服，则修文德以来之’的道理。”[②] 同样地，在科学社会主义价值观主张中，社会是一个高度复杂、充满矛盾的客观实体，生产力与生产关系的矛盾运动是一切社会存在和发展的基础和前提。马克思批判地吸收了黑格尔哲学的“合理内核”，强调“两个相互矛盾方面的共存、斗争以及融合成一个新范畴，就是辩证运动”[③]。这意味着，社会和谐就是社会内在矛盾运动斗争、协调统一的结果，是生产力和生产关系相适应、经济基础和上层建筑相协调的产物。这种和谐状态不是绝对的、永恒不变的，而是随着生产力的发展和经济基础的变迁而变化的，对社会矛盾的协调与改革则构成了社会不断发展的基础。

（三）强调社会的前进发展是一个动态变化的发展过程

社会系统各要素的矛盾斗争促使社会变化发展。在中国古人看来，

① 马克思，恩格斯. 马克思恩格斯文集：第1卷. 北京：人民出版社，2009：505.

② 习近平. 坚定文化自信，建设社会主义文化强国. 求是，2019（12）.

③ 马克思，恩格斯. 马克思恩格斯文集：第1卷. 北京：人民出版社，2009：605.

整个宇宙是一个由低级到高级不断运动、变化的过程。宇宙万物永远在变化过程之中，要把世界、社会包括人生都看作不断创造的过程。《周易·系辞上》中说“日新之谓盛德，生生之谓易”，只有不断变化、不断创新，才能做到生生不息、永葆生机。“穷则变，变则通，通则久”（《周易·系辞下》），“苟日新，日日新，又日新”（《礼记·大学》），所强调的都是变革通达、创造创新的精神。具体到社会发展中，《诗经·大雅·文王》开篇指出“周虽旧邦，其命维新”。只有通过革故鼎新，革除旧的社会制度、建立新的社会形态，才能焕发新的生机。由此可见，革故鼎新的创造精神始终蕴含于中华民族认识世界、改造世界的实践过程中。科学社会主义价值观主张同样认为，社会形态由低级到高级发展，是一个客观的、必然的、具有普遍规律的历史过程。马克思恩格斯肯定资产阶级在历史上曾经起到过的革命性作用，“在它的不到一百年的阶级统治中所创造的生产力，比过去一切世代创造的全部生产力还要多，还要大”①。但是随着生产力的不断发展，资本主义生产关系已无法与生产力相适应，反而成为生产力进一步发展的阻碍和桎梏。所以，用暴力推翻资产阶级统治的旧世界，实现“每个人的自由发展是一切人的自由发展的条件”② 的共产主义社会，就是社会发展的历史趋势。旧的社会形态被新的社会形态所取代，生产力就会得到解放，从而促进整个社会呈现出生机勃勃的局面。当然，马克思恩格斯也强调实现共产主义是一个历史过程，需要从共产主义“第一阶段”到“高级阶段”的延续过程来实现③。

五、道德观：在正确处理人与人关系上的高度契合

生活在现实社会中的人们，必然会发生各种各样的人际交往和社会关系，这就涉及人与人之间关系的协调问题。作为反映社会经济关系的特殊意识形态，道德是人们在长期的共同生活中逐渐积累形成的，它有着鲜明的阶级性、历史性和独立性。中华优秀传统文化追求人际和善、向往理想人格、注重道德践履，与科学社会主义价值观主张具有共同之处，反映了两者在道德观领域的高度契合性。

---

① 马克思，恩格斯. 马克思恩格斯文集：第 2 卷. 北京：人民出版社，2009：36.

② 马克思，恩格斯. 马克思恩格斯文集：第 2 卷. 北京：人民出版社，2009：53.

③ 马克思，恩格斯. 马克思恩格斯文集：第 3 卷. 北京：人民出版社，2009：435.

（一）注重实现人与人之间的和善

人与人之间的关系，直接关系到整个社会制度和社会秩序的巩固和稳定。以爱人、利人作为处理人与人之间关系的第一原则，是中华传统美德的鲜明特点。孔子将“仁”视为最高的道德标准，并强调仁者爱人，孟子提出“亲亲而仁民，仁民而爱物。”（《孟子·尽心上》）中国古人基于同理心，倡导“己所不欲，勿施于人”（《论语·颜渊》）、“己欲立而立人，己欲达而达人”（《论语·雍也》），主张由内向外、推己及人、设身处地地去爱所有人。此外，中国古人还强调个体在人伦关系中的地位及价值，强调每个人必须根据礼义规范履行社会义务。孟子提出“父子有亲，君臣有义，夫妇有别，长幼有序，朋友有信”（《孟子·滕文公上》），董仲舒提出仁、义、礼、智、信，宋代指出忠、孝、节、义四大德目。可以说，中华优秀传统文化不仅强调与人为善、泛爱众人，而且重视每个人在人伦关系中的责任和义务。科学社会主义价值观主张中的道德主张是建立在公有制基础上的，它同样追求人与人之间达到真正的人心和善，实现真正的幸福。资本主义自由竞争造成个人利益和他人利益、社会利益对立。它不仅“激起人们的最卑劣的冲动和情欲”，而且佐证了“鄙俗的贪欲是文明时代从它存在的第一日起直至今日的起推动作用的灵魂”①。为此，恩格斯强调“只有在不仅消灭了阶级对立，而且在实际生活中也忘却了这种对立的社会发展阶段上，超越阶级对立和超越对这种对立的回忆的、真正人的道德才成为可能”②，其核心就是消除对立，建立没有阶级剥削和阶级对立的、团结友爱的“自由人联合体”。就像《国际工人协会成立宣言》规定的那样，“努力做到使私人关系间应该遵循的那种简单的道德和正义的准则，成为各民族之间的关系中的至高无上的准则”③，从而构建“人人为我、我为人人”的新型人际关系。

（二）葆有为人类发展而奋斗的理想追求

树立崇高的理想追求，并为理想而献身，是人们美好德行的充分彰显。中国古人对物质和精神关系的问题有着独到的见解，并把这种见解运用到现实生活中，形成了追求精神境界、向往理想人格的优秀传统。

---

① 马克思，恩格斯. 马克思恩格斯文集：第 4 卷. 北京：人民出版社，2009：196.

② 马克思，恩格斯. 马克思恩格斯文集：第 9 卷. 北京：人民出版社，2009：100.

③ 马克思，恩格斯. 马克思恩格斯文集：第 3 卷. 北京：人民出版社，2009：14.

王阳明曾说：“故立志而圣，则圣矣；立志而贤，则贤矣。志不立，如无舵之舟，无衔之马，漂荡奔逸，终亦何所底乎？”（《王阳明全集·教条示龙场诸生》）只有拥有坚定的志向，才能具备朝着志向不懈奋斗的精神动力，才能最终有所成就。正是对理想的追求，中国古人主张让有理想抱负的仁善者推行仁政，以他们的“大丈夫”人格来影响和造就一大批仁人志士。孔子说“为政以德，譬如北辰，居其所而众星共之”（《论语·为政》），孟子也说“尊贤使能，俊杰在位，则天下之士皆悦，而愿立于其朝矣”（《孟子·公孙丑上》）。可见，对崇高理想的追求凝结着中华民族特有的精神品质。同样地，胸怀崇高理想、实现全人类解放也是科学社会主义价值观主张的一部分。马克思恩格斯将自己毕生的精力，都无私地献给了无产阶级的解放事业。马克思早在中学毕业的时候，就表达了“选择了最能为人类而工作的职业”[①] 的远大志向。随着实际生活和理论批判的深入，他由一个民主主义者转变为共产主义者，领导无产阶级革命运动，从事科学理论研究，在唯物主义和剩余价值学说的“两大发现”中揭示人类社会发展的客观规律。可以说，直到长眠于地下，他都在践行着《共产党宣言》中所提出的“为绝大多数人谋利益”[②] 的伟大誓言。总之，葆有为人类发展而奋斗的理想追求，是蕴含在中华优秀传统文化和科学社会主义价值观主张中的一致内容，也是体现于中华民族仁人志士和马克思恩格斯等革命战士身上的精神品格。

（三）凸显人的道德实践

崇德向善的理想追求、刚健有为的进取精神，只有通过人们的社会实践和德性修养，内化为道德品格和习性，才能真正发挥作用。中国传统社会结构是差序格局[③]，以每个个体为圆心，由发生的各种各样的社会关系向外一圈圈推出去。从自立到立人，是每个个体通过正确认识自我与他人、群体、社会乃至整个宇宙自然的关系而达到自我价值实现的过程。《礼记·大学》开篇就讲：“大学之道，在明明德，在亲民，在止于至善。”要达到“明明德”“亲民”“止于至善”的“三达德”，就要经历“格物—致知—诚意—正心—修身—齐家—治国—平天下”的“八条

① 马克思，恩格斯. 马克思恩格斯全集：第 1 卷. 2 版. 北京：人民出版社，1995：459.

② 马克思，恩格斯. 马克思恩格斯文集：第 2 卷. 北京：人民出版社，2009：42.

③ 费孝通. 乡土中国. 修订本. 北京：北京大学出版社，2013：36.

目”，而修身是这一切活动的根本。所以，孔子强调“修己”、“克己”和“慎独”，提倡“见贤思齐焉，见不贤而内自省也”(《论语・里仁》)。孟子更是主张“善养吾浩然之气”(《孟子・公孙丑上》)。可以说，中华民族自古以来就强调，人生于天地之间就应该加强道德修养，把道德反省与道德实践结合起来，既要效法天的刚强劲健的精神，做到自强不息；又要效法大地的顺应、包容、承载、养育万物的精神，做到厚德载物。科学社会主义价值观主张也强调道德实践，主张在打破旧道德赖以维系的经济基础上，提高人们的文化水平和社会文明程度，在个人利益与集体利益的统一中实现真正的幸福。恩格斯批判杜林的“永恒道德论”，强调道德观同任何其他领域的观念、思想一样，有其起源、发展和改变的历史。那么，只有彻底打破“把人当做既在精神上又在肉体上非人化的存在物生产出来”[①] 的生产关系，斩断“赤裸裸的利害关系”[②]，摧毁“贫困、劳动折磨、受奴役、无知、粗野和道德堕落的积累”[③]，才能把个人的力量联合成社会的集体力量，消除侵害公共利益的暴力行为，消除因利益和情欲而犯罪的现象[④]。恩格斯还强调，共产主义道德要建立在人们的文化水平普遍提高和社会高度文明的基础上，要使人们明白“只有维护公共秩序、公共安全、公共利益，才能有自己的利益”[⑤]，在共同利益已经成为基本原则、公共利益和个人利益相融合的社会里，才会有真正的幸福。

一个国家和民族的现代化进程，离不开科学的理论指导，也离不开传统文化蕴含的思想资源。中国共产党既是马克思主义的忠实信仰者和践行者，又是中华优秀传统文化的忠实继承者和弘扬者，具有立足高度契合、推动深度融合的历史主动精神。在全面建设社会主义现代化国家新征程上，推进马克思主义中国化时代化，必须深化研究中华优秀传统文化同科学社会主义价值观主张在宇宙观、天下观、社会观和道德观上的高度契合性。一是以创造中国式现代化的文化形态为导向。当代中国是历史中国的延续和发展，当代中国文化是中华优秀

---

① 马克思，恩格斯. 马克思恩格斯文集：第 1 卷. 北京：人民出版社，2009：171.

② 马克思，恩格斯. 马克思恩格斯文集：第 2 卷. 北京：人民出版社，2009：34.

③ 马克思，恩格斯. 马克思恩格斯文集：第 5 卷. 北京：人民出版社，2009：744.

④ 宋希仁. 马克思恩格斯道德哲学研究. 北京：中国社会科学出版社，2012：213.

⑤ 马克思，恩格斯. 马克思恩格斯全集：第 2 卷. 北京：人民出版社，1957：609.

传统文化的传承和升华。在深化推动“两个结合”、推进中国式现代化、巩固中华民族共同体，以及构建人类命运共同体的实践过程中，以习近平文化思想为指引，切实肩负起创造中国式现代化的文化形态的文化使命，就要拓展中华优秀传统文化同科学社会主义价值观主张契合的空间，以充分彰显中国式现代化的文化形态坚持人民至上、协调发展、创新发展、兼收并蓄、和平发展的突出特性和民族品格。二是以强化马克思恩格斯传统文化观研究为基础。马克思恩格斯围绕“如何认识传统文化”“怎样对待传统文化”“如何创新发展传统文化”这一系列问题，阐释了对待传统文化的立场、观点、方法。遵循生产力和生产关系的矛盾运动，“从已有的思想材料出发”[①]，兼顾“共同的历史背景”[②] 等，为推动中华优秀传统文化创造性转化、创新性发展提供理论依据，助力“用马克思主义激活中华优秀传统文化中富有生命力的优秀因子并赋予新的时代内涵，将中华民族的伟大精神和丰富智慧更深层次地注入马克思主义，有效把马克思主义思想精髓同中华优秀传统文化精华贯通起来，聚变为新的理论优势，不断攀登新的思想高峰”[③]。三是以发挥马克思主义理论学科的引领作用为依托。《关于加强新时代马克思主义学院建设的意见》明确指出，要加强马克思主义理论学科建设，把准学科定位，充分发挥马克思主义理论学科引领作用。继续推动文化繁荣、建设文化强国、创造中国式现代化的文化形态，需要充分发挥中国特色哲学社会科学的重要作用，以马克思主义理论学科引领中国自主知识体系构建，从学理层面对新理念新论断中原理性理论成果进行深入研究阐释，把握相互的内在联系，讲准、讲深、讲透、讲活贯穿其中的道理、学理、哲理，以扎实的学理研究不断推进“两个结合”向纵深发展。综上所述，只有立足中华优秀传统文化同科学社会主义价值观主张的高度契合性，才能把握贯通融通的关键抓手，坚守好马克思主义理论魂脉和中华优秀传统文化根脉，不断赋予科学理论鲜明的中国特色。

---

① 马克思，恩格斯. 马克思恩格斯文集：第 9 卷. 北京：人民出版社，2009：382.

② 马克思，恩格斯. 马克思恩格斯文集：第 9 卷. 北京：人民出版社，2009：99.

③ 习近平在中共中央政治局第六次集体学习时强调 不断深化对党的理论创新的规律性认识 在新时代新征程上取得更为丰硕的理论创新成果. 人民日报，2023－07－02 (1).

第三节　中华优秀传统文化中蕴含的思想政治教育资源

中华优秀传统文化是我们党理论创新的“根脉”①，其中蕴含着丰富的思想政治教育资源，是构建中国特色思想政治教育学科自主知识体系的丰厚滋养。回顾思想政治教育学科 40 多年的发展历程，自觉把中华优秀传统文化纳入思想政治教育的研究范畴，始终是推动思想政治教育学科理论创新与实践创新良性互动的应有之义。在新的历史起点上进一步推进思想政治教育学科高质量发展，需要在“两个结合”的指导下，立足于中华优秀传统文化同科学社会主义价值观主张的高度契合性，紧扣推动中华优秀传统文化创造性转化、创新性发展的要求，从学科立场出发，聚焦中华优秀传统文化蕴含的思想政治教育资源，从整体性研究转向精细化讨论，致力于思想政治教育学科自主知识体系的构建。

一、中华优秀传统文化中蕴含的思想观念

中华优秀传统文化中的思想观念彰显中国人关于世界观、人生观、价值观、道德观等方面的哲思，从哲理层面展现中华民族在观察世界和认识世界方面所达到的高度和深度，为中华民族确立人生价值、伦理取向、政治追求等奠定坚实的理论基础。深入挖掘中华优秀传统文化所蕴含的思想政治教育资源，毋庸置疑需要在思想观念上狠下功夫。但是，不同于伦理学或者中国哲学史等相关学科，思想政治教育要立足于立德树人的根本任务，讲清楚中华民族在天人关系、治国理政、社会愿景等方面的传统智慧，教育引导人们正确处理人与自然、政治与治理、民族与世界等基本关系。

从思想政治教育资源的角度深化中华优秀传统文化所蕴含的思想观念，首要立足于中国古人认识问题和解决问题的理论依据和思维方式。天人合一集中回答了世界如何存在、人与天地万物之间是何种关系等基

① 习近平在中共中央政治局第六次集体学习时强调 不断深化对党的理论创新的规律性认识 在新时代新征程上取得更为丰硕的理论创新成果. 人民日报，2023-07-02 (1).

本问题，体现了中华民族在正确处理人与自然关系方面的思想观念。在中华民族的认知视域中，"天"始终是"一有机的、连续的、生生不息的、能动的、与'人'相关联的不可分的存在"①。首先，人是自然界发展的历史产物。中国古代一贯强调人己物我是相互贯通、同属一体的存在。《周易·序卦》中"有天地，然后有万物"，从朴素唯物主义出发，肯定人是自然界的产物。孟子基于人是天造之物，提出"尽其心者，知其性也。知其性，则知天矣"（《孟子·尽心上》），使人与天之间既有本体意义上的相通，又有觉解意义上的相通②。后来张载明确提出"天人合一"的命题，并且指出"乾称父，坤称母""民，吾同胞；物，吾与也"（《正蒙·乾称》）。其次，人们活动要体现对自然规律的敬畏。中国古代先后经历尊神敬鬼、以德配天、尊尚天时，进而形成天人合一的宇宙观。这一方面体现了对自然及其规律的敬畏和遵循，另一方面也反映了由尊天向重人的转变，人的能动作用也得到了重视。《周易·乾》提出"先天而天弗违，后天而奉天时"，荀子说"天行有常，不为尧存，不为桀亡"（《荀子·天论》），强调天的存在和运行不以人的意志为转移，遵循自然的变化规律。当然，荀子还说"从天而颂之，孰与制天命而用之"（《荀子·天论》），把天主宰人的观念颠倒过来了，充分体现了对人自身主观能动性的自信。再次，人与自然和谐相处。以农耕为基础的文化必然强调与自然协调、与四时合序。《周易·系辞》中有"范围天地之化而不过，曲成万物而不遗"，老子提出"人法地，地法天，天法道，道法自然"（《道德经》第二十五章），意在强调人们要以天地自然为效法对象，按照四时之道各有其宜。孟子具体提出"不违农时，谷不可胜食也；数罟不入洿池，鱼鳖不可胜食也；斧斤以时入山林，材木不可胜用也"（《孟子·梁惠王上》），以求"草木之发若蒸气，禽兽之归若流泉，飞鸟之归若烟云"（《淮南子·主术训》）的生态繁荣景象。

中华民族从天人一体的观念出发思索群体性政治生活，围绕治国安民等问题表达治国理政的理想追求。为政以德是中国古人围绕如何治国安民进行长期理论思考和实践探索的结晶，鲜明表征着中华民族在正确处理政治与治理方面的思想观念。"为政以德，譬如北辰，居其所而众星

① 汤一介. 中国传统文化的特质. 上海：上海教育出版社，2019：116.

② 焦国成. 中国伦理学通论：上册. 太原：山西教育出版社，1997：78.

共之”（《论语·为政》），强调把立德贯穿于为政的全过程，做到以德治民、以德安民。首先，民为国家之本。《尚书·五子之歌》载“民惟邦本，本固邦宁”，孟子说“民为贵，社稷次之，君为轻”（《孟子·尽心下》），都揭示了民众在国家政权构建中的根本地位。那么，推行仁政就应该从利民养民富民爱民的角度出发，解决民众的生产资料问题，用孟子的话来说就是“制民之产”（《孟子·梁惠王上》）。毕竟民心向背是检验为政成败的标准，“君者舟也，庶人者水也。水则载舟，水则覆舟”（《荀子·哀公》）。其次，德主刑辅。孔子说“道之以政，齐之以刑，民免而无耻。道之以德，齐之以礼，有耻且格”（《论语·为政》），在孔子看来，用德化和礼仪来教化民众优于施以政令和刑罚。包括董仲舒的“教，政之本也；狱，政之末也”（《春秋繁露·精华》），贾谊的“道之以德教者，德教洽而民气乐，驱之以法令者，法令极而民风哀”（《汉书·贾谊传》），以及朱熹的“专用刑政，只是霸者事”（《朱子语类·为政篇上》），都旨在强调道德在治国理政中的作用。但这并不是完全忽视法治。《左传·昭公二十年》载：“宽以济猛，猛以济宽，政是以和。”也就是说，道德和法律对于社会的进步发展都是不可或缺、不能偏废的。最后，选贤使能，以身作则。正如孟子所言：“尊贤使能，俊杰在位，则天下之士皆悦，而愿立于其朝矣。”（《孟子·公孙丑上》）“尚贤”是中华民族的优良传统。从孔子明确提出“举贤才”（《论语·子路》），到墨子“有能则举之，无能则下之”（《墨子·尚贤上》），鲜明体现了中国古人重视贤良之士在治国理政中作用的发挥。只有德才兼备、以身作则，“其身正，不令而行；其身不正，虽令不从”（《论语·子路》），才能在为民兴利除害中彰显价值。

在中华民族的思想长河中，基于天人一体的思维方式和以德治国的政治谋略，始终闪耀着“以天下观天下”的道义光芒和真理力量。天下大同刻画着中华民族千百年来孜孜以求的理想社会图景，充分说明了中华民族在正确处理民族与世界方面的思想观念。站在全人类的高度，打破国家、民族和意识形态的界限，构建能够共同应对挑战、共享发展成果的理想社会，是全人类对美好生活的憧憬和希冀。首先，追求人类美好生活的大同愿景。自古以降，中华民族就秉持着“天下无外”的理念，从整体上看待问题，显现着面朝世界、面向未来的格局。从《尚书·尧典》中的“百姓昭明，协和万邦”，到《周易·乾》中的“首出庶物，万国咸宁”，再到《论语·颜渊》中的“四海之内皆兄弟也”，无不映现着中国古人天下一家的理想追求。尤其是《礼记·礼运》所描绘的大同社会愿景，生动展现了一个人人都能受到全社会的关爱、人人都能安居乐业，物尽其用、人尽其力的大同社会。其次，主张天下为公的价值取向。在中华民族的历史长河中，贵公思想始终代表着人们对于公利与私利的价值选择。《尚书·周官》有“以公灭私，民其允怀”的说法，《诗经》中也有“夙夜在公”的提法。尤其是《吕氏春秋·贵公》中的“天下非一人之天下也，天下之天下也”，鲜明表达了天下乃天下人所共有，天道无私，人道亦应无私。包括后来明清之际的顾炎武、王夫之，以及清代颜元，从天下兴亡、古今通义、为人为道等角度表达为公思想。最后，胸怀为世界谋大同的使命担当。历史发展必然趋势的实现不是一个完全自发的过程，也不是一个无主体的过程，离不开人们践行为人类谋进步、为世界谋大同的使命担当。孔子对“如有博施于民而能济众，何如?”（《论语·雍也》）的高度肯定，孟子所秉持的“乐以天下，忧以天下”（《孟子·梁惠王下》）的忧患意识，张载“为天地立心，为生民立命，为往圣继绝学，为万世开太平”的家国情怀，以及顾炎武发出的“保天下者，匹夫之贱与有责焉耳矣”（《日知录·正始》）的倡导等等，都鲜明表达了千百年来中华民族仁人志士以天下为己任的追求和担当。

所以，中华优秀传统文化蕴含的思想观念，深刻诠释了中华民族在正确处理人与自然、政治与治理、民族与世界等基本关系方面的传统智慧，是思想政治教育文化资源的核心内容。将中华优秀传统文化所蕴含的思想观念融入思想政治教育，关键在于讲清楚中华民族天人合一的哲思智慧、以德治国的政治理念、天下大同的理想愿景，讲清楚形塑中华民族认识世界、改造世界的独特思维方式、价值追求，夯实思想政治教育认识论和方法论的文化根基，发挥思想政治教育在解决人类难题方面的独特优势和能力。

二、中华优秀传统文化中蕴含的人文精神

中华优秀传统文化中的人文精神是中华民族一以贯之重视人、关注人、尊重人的集中体现。中国古人尽管从万物一体的角度强调人应当效仿天地大道，但与此同时也主张“天地之性，人为贵”（《孝经·圣治》），在个人主观能动性的发挥中不断确证人自身的合理性。“与西方

文化相比，以人为本的人文精神是中国文化最根本的精神，也是一个最重要的特征。”[①]“思想政治工作从根本上说是做人的工作。”[②] 深入挖掘中华优秀传统文化所蕴含的思想政治教育资源，就要讲清楚中华民族在处理人与人的关系中所凝聚的立己达人的人生追求、仁者爱人的人本取向、以和为贵的价值追求，教育引导人们把人放在重要位置上，重视人的价值。

在中华优秀传统文化的思想体系中，人是天地之精华、五行之秀气，发挥良能就可以与天地同流、与天地参。刚健有为是中国古人处理人我关系的总的精神，深刻影响着中华民族自古以来的精神品格和价值追求。“天行健，君子以自强不息”（《周易·乾》），“地势坤，君子以厚德载物”（《周易·坤》），精辟地表达了中华民族刚健有为的人生精神、民族精神和核心价值理念。首先，任何一个人都不是孤零零的个体，自我、他人、群体、社会与宇宙自然是一个密不可分、息息相关的有机统一整体。在中国古人看来，天地是万物的根源，不仅人和万物从大自然中产生，而且人类社会的伦理关系和社会秩序也离不开对宇宙自然规律的尊重与效法。正所谓“观乎天文，以察时变；观乎人文，以化成天下”（《周易·贲》）。也就是说，治理天下，必须通过观察天文（天道运行的自然规律）来把握周围环境变化发展的规律和方向；同时还必须观察人文（人际纵横交织的社会关系、人伦规范和风土民情等），因势利导、随宜教化，以求得理想治局的实现。其次，效法天的刚健之德以自强不息，效法地的广厚之象以厚德载物。人生活于天地之间，就应该效法天的刚强劲健、周而复始、永不停息，做到永不退缩、积极进取、奋发向上；同时也应该效法地的顺应、包容、承载、养育万物的精神，做到以自己博大的胸怀去包容不同的人、容纳不同的意见。在这里，君子以自强不息，表达的是每个个体的自立精神，但只做到自立是不够的。因为人不是孤立存在的，还要和他人、群体、社会紧密联系在一起，所以在做到自立之后，还要进一步做到立人。“己欲立而立人，己欲达而达人。”（《论语·雍也》）如果说自强不息强调的是自立，那么厚德载物强调的则是立人。所以，从自立到立人，从自强不息到厚德载物，从刚健到有为，自我、他人、群体、社会乃至整个宇宙自然就形成了一个密

① 楼宇烈. 中国文化的根本精神. 北京：中华书局，2016：46.

② 习近平. 习近平谈治国理政：第 2 卷. 北京：外文出版社，2017：377.

不可分、息息相通的有机整体，形成了一个同心圆。其中，最小的圆是个体的层面，中间的圆是群体的层面，外面最大的圆是天地的层面，它们遵循着共同的规律。

把自立立人的人生追求具体运用到处理人与人之间的关系上，就表现为闪烁着人本主义精神的“爱人”思想。仁者爱人是中华民族正确处理人与人之间关系的核心思想，鲜明体现着中国人以爱人、利人为出发点，始终把他人利益放在自我利益之上的价值追求。尽管在中华民族的思想长河中，闪现过巫马子“故有我，有杀彼以利我，无杀我以利彼”（《墨子·耕柱》）的利己论和杨朱学派“杨子取为我，拔一毛而利天下，不为也”（《孟子·尽心上》）的为我论，但是以爱人、利人作为处理人我关系的第一原则始终是中华民族的主流人本取向。首先，仁者爱人，泛爱众人。“仁，亲也。从人从二。”（《说文解字》）世界上只要有两个人存在，就会出现人和人之间的关系。“樊迟问仁。子曰：‘爱人。’”（《论语·颜渊》）孔子把“仁”作为儒家思想体系的核心，实际上就是以人为核心。这里的“人”，不是特指社会中的某一阶层或某一部分人，而是指与动物界相对的所有的人。所谓爱人，就是爱所有的人，“爱人”的另一种表达就是“泛爱众”。其次，能近取譬是为仁之方。能近取譬就是能够以切近的事情或行为作范例，一步一步地去实行“仁”。所谓切近的事情或行为，一种意思，“近”就是自己，即以自己的感受来推己及人；另一种意思，“近”就是同自己最亲近的人，以爱父母、兄弟、妻子之行为作例子，以爱父母、兄弟、妻子之心去爱他人、爱一切人。“君子务本，本立而道生。孝弟也者，其为仁之本与！”（《论语·学而》）能近取譬在于以孝悌为基础，能够由近及远地外散开来；在于这种基于孝悌的天然血缘情感。最后，仁者爱人的基本原则是忠恕之道。“忠”，尽力为人谋，中人之心，故为忠；“恕”，推己及人，如人之心，故为恕。孔子最先提出“恕”，“己所不欲，勿施于人”（《论语·卫灵公》）。最早将忠恕联系起来的是曾子。《论语·里仁》中载：“夫子之道，忠恕而已矣。”简言之，“忠恕”就是以对待自己的态度对待他人，在人际关系中，要把他人当作自己的同类，当作与自己同样的人来看待，并以自己的愿望、欲求去理解他人的愿望和欲求。

正确处理人际关系所要追求的目标境界，就是求同存异、和而不同。以和为贵是中华民族一直以来追求的和谐境界，集中展现了中国古人在承认和尊重事物多样性的基础上，对世界万物和谐共生的独特追求。首先，个人与社会相互依存。社会是人的存在形式，中国古人始终强调个人与社会的辩证统一。荀子说："力不若牛，走不若马，而牛马为用，何也？曰：人能群，彼不能群也。"（《荀子·王制》）"能群"是人能胜过牛马的原因，凸显了社会对于人类生存的重要性。张载也曾说："物无孤立之理。"（《正蒙·动物》）也就是说，包括人在内的任何事物都不能脱离社会、宇宙这个整体而存在。其次，和而不同。早在西周末年，史伯就意识到当时最大的弊端是"去和而取同"，事物的发展应该遵循"和实生物，同则不继"（《国语·郑语》）。孔子提出"君子和而不同，小人同而不和"（《论语·子路》）。"同"是绝对一致，没有差异和变动，代表的是单调、缺乏活力和生命力的指向；"和"则是相对的一致，是多中有一、一中有多，表征着对立的事物通过调节达到平衡和谐的状态。就像老子所说："故有无相生，难易相成，长短相较，高下相倾，音声相和，前后相随"（《道德经》第二章）。最后，讲信修睦，亲仁善邻。正是基于和而不同的追求，中华民族始终秉持着"和为贵"的理念，妥善处理地区与地区、民族与民族、国家与国家之间的冲突。习近平总书记深刻总结道："古往今来，中华民族之所以在世界有地位、有影响，不是靠穷兵黩武，不是靠对外扩张，而是靠中华文化的强大感召力和吸引力。我们的先人早就认识到'远人不服，则修文德以来之'的道理。"①

所以，中华优秀传统文化蕴含的人文精神，从人伦规范的角度阐释了人的主体地位，集中彰显了中华民族重视人、关注人、尊重人的价值取向，是思想政治教育做好人的工作的历史文化根基。将中华优秀传统文化蕴含的人文精神融入思想政治教育中，关键在于坚持以人为本，讲清楚社会是人的存在形式，在自立的基础上立人，以爱人利人为出发点、以能近取譬为为仁之方、以忠恕之道为基本原则、以和而不同为目标境界来正确处理人与人之间的关系，强化思想政治教育的人本底色和人学基础，增强思想政治教育灌输与教化的"用户体验"和艺术方式，深化人们思想品德形成规律和对人进行思想政治教育规律的文化指向。

三、中华优秀传统文化中蕴含的道德规范

中华优秀传统文化中的道德规范集中体现了中华民族依靠社会舆

① 习近平. 坚定文化自信，建设社会主义文化强国. 求是，2019（12）.

论、传统习俗和内心信念，用善恶进行评价的行为准则、规范体系。基于差序格局所生发的道德规范，遵循以个体为圆心，按照血缘伦理关系依次推及开来的生成路径，一贯地体现为人民、为社会、为民族的责任担当和整体趋向。道德教育是思想政治教育的基本内容。深入挖掘中华优秀传统文化所蕴含的思想政治教育资源，就应该植根中华传统美德的丰厚土壤，解锁中华民族在义与利、家与国、人与我等基本范畴上的价值取向，讲清楚中华民族以义制利、以孝求忠、修身养性的传统智慧，教育引导人们从内心世界激发理性自觉，并逐渐形成一定的理想信念和人格追求。

道德规范产生于调节人们利益关系的需要，道德同利益的关系问题与人们的实际生活密切相关。义利之辨是千百年来中华民族所关注的重要课题，也是历代仁人志士修身立己，为人、处世、治学的第一关键。以义制利是中华民族在处理义与利、公与私关系上的主流价值选择，鲜明回答了中国人关于道德主体的行为原则是以义为上还是以利为先。“义，己之威仪也。从我、羊。”（《说文解字》）“义者，宜也。”（《礼记·中庸》）在中国古人那里，所谓“义”就是行为的应当或者适宜的标准，代表道德标准所导向的公众之利、天下之利，而“利”则主要指个人利益。在二者关系上，以义制利始终代表着中华民族的主流认知。首先，先义后利、重义轻利。义是一切行动的最高准则。孔子说“君子义以为上”（《论语·阳货》），墨子强调“万事莫贵于义”（《墨子·贵义》），孟子规劝梁惠王“何必曰利”（《孟子·梁惠王上》），包括董仲舒提出的“正其谊不谋其利，明其道不计其功”（《汉书·董仲舒传》），都充分反映了中国古人对于群己、义利关系的深刻认识。其次，把义利问题看作道德评价的重要标准。有无道德的人的根本区别，在于以何种态度对待道德原则和不正当贪欲。孔子说：“君子喻于义，小人喻于利。”（《论语·里仁》）在中国古人看来，道德高尚的人必然能以最高的道德原则作为行为准则，在必要的时候甚至可以牺牲生命，“争一言以相杀，是贵义于其身也”（《墨子·贵义》），“舍生而取义者也”（《孟子·告子上》）。反之则只通晓满足个人私利，无视最高的道德原则。最后，保全符合道德原则的个人正当利益。就像孔子所言，“富而可求也，虽执鞭之士，吾亦为之”（《论语·述而》），符合义的原则，就是拿着鞭子赶车也愿意；相反，“不义而富且贵，于我如浮云”（《论语·述而》）。也就是说，中华民族历来主张义的同时，也肯定人们追求利的客观性和合理性，“天之生人也，使人生义与利”（《春秋繁露·身之养重于义》），“义中之利，君子所贵也”（《颜元集·大学》），在以义制利的前提下认识义与利的统一性，引导人们在利天下的过程中合理追求个人正当利益。

舍小家为大家从来都是中华文化的核心基因和中华民族的精神标识。以孝求忠是中华民族在正确处理家与国、孝与忠关系上的崇高价值追求，深刻反映了中国人自古以来就有的爱国主义精神和集体主义观念。中国古代社会的人际关系建立在以血缘亲疏为纽带的人伦次第中。首先，家国同构、家国一体。对于中华民族而言，“家”与“国”有着独特的精神释义和文化意象。中国传统社会的格局就“好像把一块石头丢在水面上所发生的一圈圈推出去的波纹，每个人都是他社会影响所推出去的圈子的中心”①。“家”“国”“天下”这些单位名词就是差序格局中的圈子，而圈子中的关系是“伦”。“家”与“国”在中国古代是两个可以无限伸缩的单位。家是最小国，国是千万家。家国一体、家国天下，既是中华文明薪火相传的深层逻辑，也是中华民族发展进步的内在支撑。其次，家向国拓展，孝向忠延伸。“事父母，能竭其力；事君，能致其身。”（《论语·学而》）“孝”发生在“家”的内部，对应的是父母与子女之间的关系，是子女出于血缘亲情对父母的天然情感。“忠”发生在“国”的领域，对应的是君主与臣子之间的关系，是臣子对君主的情感。但是，由于家国一体、家国同构，“国”的问题被当作“家”的问题，“国”的治理被当作“家”的治理。于是，家中对父的孝，推行、转移到国中，就变成臣对君的忠。最后，心系家国、爱国报国。“君子万年，保其家邦”（《诗经》），“爱国如家”（《汉纪·孝惠皇帝纪》）。中国古人把家与国、孝与忠关系的独到理解运用到现实生活中，发出“位卑未敢忘忧国”的呐喊，形成了为国舍家的优秀传统，彰显出中华民族精忠报国、振兴中华的爱国情怀和担当意识。

在长期的社会实践中，中国古人逐渐认识到外在的道德规范只有通过人们的认识、体验、内化以至融入人们的思想观念中，才能成为人们的道德品质，进而真正发挥作用。修身养性是中华民族在正确处理人与我之间、群与己之间关系的基本行为规范，突出表征着中国人从施动者

---

① 费孝通. 乡土中国. 北京：北京大学出版社，2016：36.

“我”的角度出发反求诸己、落实于己的思维方式和行为准则。“君子求诸己，小人求诸人。”（《论语·卫灵公》）凡事求诸己是中华民族待人处事的基本原则，也是中国古人处理人伦关系、人我关系的一贯思想。首先，修身是一切活动的根本。“自天子以至于庶人，壹是皆以修身为本。”（《礼记·大学》）在中国古人的价值观念中，建立什么样的国家是和培养什么样的人紧密结合在一起的。要担负起“齐家—治国—平天下”的责任，必须先从“修身”做起。这是一种把政治、思想、道德等各方面内容融合在一起的思想传统，是中华文明独特的价值体系，千百年来影响着中国人的思想方式和行为方式。其次，理想人格是修身的出发点和落脚点。理想人格关乎要求人们合乎什么样的标准和范式的问题，尽管中国古人笔下的用词不同，如“君子”“圣人”“仁人”“贤人”“真人”“大丈夫”等，但都是关于中华民族道德要求和道德理想的最高体现，反映着中国人在修养过程中所追寻的做人目标。最后，修身养性的途径方法。中华民族自古以来就强调加强道德修养，把道德反省与道德实践结合起来。孔子强调“修己”、“克己”和“慎独”，提倡“见贤思齐焉，见不贤而内自省也”（《论语·里仁》）。孟子更是主张“我善养吾浩然之气”（《孟子·公孙丑上》）。可以说，在中华民族的历史长河中，中国古人为了引导人们提高道德自觉、接受道德教育，提出了一系列具有中国特色的教育方法。既有教育者对受教育者所实施的方法，如因材施教法、循循善诱法、情意感化法、环境熏陶法、身教示范法；也有受教育主体自我修身的方法，如反省内求法、学思并重法、身体力行法、见贤思齐法、悔过自新法等。

所以，中华优秀传统文化所蕴含的道德规范，贯穿于中华民族长期的道德实践之中，集中展现了中华民族在人伦次第中正确处理义与利、公与私，家与国、孝与忠，人与我、群与己等关系的传统智慧，是中华民族道德规范的结晶、民族凝聚力和向心力的价值标识，也是思想政治教育发挥价值引导和教化规约功能的独特文化资源。将中华优秀传统文化所蕴含的道德规范融入思想政治教育中，关键在于讲清楚道德行为规范的第一准则、爱国主义精神和集体主义观念的精神标识，以及反求诸己的道德践履，助推外在的社会意识内化为个体的道德意识，从而实现从社会意识到个体意识的飞跃、从个体意识到道德行为实践的飞跃。

第六章　用马克思恩格斯传统文化观激活中华优秀传统文化

一个国家、一个民族的强盛，总是以文化兴盛为支撑的，中华民族伟大复兴需要以中华文化发展繁荣为条件。处于世界百年未有之大变局的当代社会，文化的作用得以越来越清楚地体现，其影响比以往任何时候都更加广泛而深刻。作为中国特色社会主义文化重要组成部分的中华优秀传统文化，不仅是中华民族战胜种种艰难险阻而薪火相传的伟大精神瑰宝，也是全面推进强国建设、民族复兴伟业的重要精神支撑。如何继承和弘扬中华优秀传统文化，是需要我们面对的重大历史文化课题。这不仅需要了解中国的文化血脉、把握滋养中国人的文化土壤，而且需要深刻把握马克思恩格斯传统文化观，自觉运用马克思主义真理力量激活中华优秀传统文化的生命力，实现中华优秀传统文化创造性转化、创新性发展。其中，准确把握中华优秀传统文化创造性转化、创新性发展的现代化原则、关联性原则、主体性原则是前提；在此基础上，将中华优秀传统文化融入大中小学思政课一体化建设，高质量开展中华优秀传统文化教育；同时，把中华优秀传统文化挺立在全面深化改革的新征程上，在对“第二个结合”与中国化时代化马克思主义理论发展的规律性认识中，谱写进一步全面深化改革、推进中国式现代化“史诗般的进步”的辉煌篇章。

第一节　推动中华优秀传统文化创造性转化、创新性发展的原则

中华优秀传统文化作为精神滋养，是塑造中国精神的命脉所系，是涵养社会主义核心价值观的重要源泉。马克思恩格斯传统文化观强调对传统文化进行有前提的“决裂”、有条件的转化、有目的的发展，为我们推动中华优秀传统文化创造性转化、创新性发展提供了科学的方法论。对待中国传统文化必须把握创造性转化、创新性发展的基本原则，正确的创造性转化、创新性发展原则会加速传统文化的现代转型，而不当的创造性转化、创新性发展原则会使传统文化误入歧途。站在中华优秀传统文化创造性转化、创新性发展的时代境遇中，推动传统文化现代转型的原则主要包括现代化原则、关联性原则、主体性原则。

一、在坚持现代化原则中推动中华优秀传统文化创新性发展

现代化原则是就中华优秀传统文化创造性转化、创新性发展自身而言的。从传统到现代是一个对抗、继承和超越的过程。在这一过程中，传统和现代既表现出矛盾和对立的一面，也蕴含着继承与超越的一面。那么，推动传统文化现代转型，就要在传统和现代之间找到适应的点，从而顺利地助推传统文化不断实现现代化发展。

坚持现代化原则就要坚持“有鉴别地加以对待，有扬弃地予以继承”①。马克思恩格斯对传统文化进行创造性转化的前提，是正确把握传统文化的推动力和惰性力。同样地，推动中国传统文化的现代转型，也必须正确区分精华与糟粕。但是，难以做到直接简单地拎出中国传统文化中哪些是好的，是对我们今天甚至是将来有用、有利的；哪些是坏的，对今天抑或是未来毫无裨益甚至有损害的。中国传统文化中精华与糟粕兼有，它凝结成中华民族的一种特殊的心理特性，长期影响着中华民族的方方面面，影响着我们的思想和行为。所以，对其必须有区别地对待、有扬弃地继承，深入挖掘中华优秀传统文化中蕴含的思想观念、

① 习近平在山东考察时强调 认真贯彻党的十八届三中全会精神 汇聚起全面深化改革的强大正能量. 人民日报，2013－11－29 (1).

人文精神、道德规范，深入阐发中华优秀传统文化讲仁爱、重民本、守诚信、崇正义、尚和合、求大同的时代价值，在时代发展中为中国传统文化的精华着色，使其糟粕黯然而被淘汰。

坚持现代化原则还要坚持“与当代文化相适应、与现代社会相协调”①。马克思恩格斯对待传统文化的立场、观点、方法，也是在彻底丢掉和全盘接受的交锋中得以显现的。对待中国传统文化，自然也需要在“是彻底丢掉，还是全盘接受”的考虑中亮明基本态度。对待中国传统文化，既不能走彻底否定的虚无主义“差错路”，也不能走全盘肯定的复古主义“回头路”，必须在与当代文化相适应、与现代社会相协同中，实现对中国传统文化的批判继承和创新发展。与当代文化相适应，凸显了传统文化现代化的发展要求，明确了传统文化必须在现代转型的基础上，与当代文化“同频共振”；与现代社会相协同，反映了传统文化现代化的生存要求，表明了传统文化只有融入现代社会，才能确保现代转型的成功。

二、在坚持关联性原则中推动中华优秀传统文化创新性发展

关联性原则是就中华优秀传统文化与其他文化，包括革命文化、社会主义先进文化与外国文化等多种文化之间的关系而言的。文化是相通的，无论是历史纵深的发展维度，还是国别延展的横向维度，都有着这样或那样的继承借鉴和创新发展。

坚持关联性原则就要处理好中华优秀传统文化与革命文化、社会主义先进文化的关系。中华优秀传统文化、革命文化和社会主义先进文化都是中华民族的伟大创造，是民族禀赋和民族精神在不同时代的体现。正如习近平总书记所强调的，“在 5 000 多年文明发展中孕育的中华优秀传统文化，在党和人民伟大斗争中孕育的革命文化和社会主义先进文化，积淀着中华民族最深层的精神追求，代表着中华民族独特的精神标识”②。同时，革命文化和社会主义先进文化汲取了中华优秀传统文化的思想精华，与中华优秀传统文化一脉相承。革命文化和社会主义先进文化有别于中华优秀传统文化，是中国共产党在推进马克思主义中国化时代化进程中的文化创造，但是核心精神与中华优秀传统文化一脉相

---

① 习近平. 习近平谈治国理政：第 1 卷. 2 版. 北京：外文出版社，2018：161.

② 习近平. 习近平谈治国理政：第 2 卷. 北京：外文出版社，2017：36.

承。从“民惟邦本”到“全心全意为人民服务”，从“天行健，君子以自强不息”到“艰苦奋斗”，从“威武不能屈”到“不怕牺牲、英勇斗争”等，都生动体现了革命文化和社会主义先进文化对中华优秀传统文化的继承与发展。总之，中华优秀传统文化、革命文化和社会主义先进文化共同构筑了新时代中国特色社会主义文化，辩证统一于中国特色社会主义的伟大实践。习近平总书记指出：“中国特色社会主义文化，源自于中华民族五千多年文明历史所孕育的中华优秀传统文化，熔铸于党领导人民在革命、建设、改革中创造的革命文化和社会主义先进文化，植根于中国特色社会主义伟大实践。”① 中华优秀传统文化是璀璨的民族瑰宝，是我们在世界文化激荡中站稳脚跟的坚实根基，是中国特色社会主义文化的深厚沃土。革命文化和社会主义先进文化是在马克思主义指导下，在革命、建设、改革的进程中形成的优秀文化，体现了社会主义发展方向和中国特色中国气派，是中国特色社会主义文化的直接来源。所以，推动传统文化现代转型，离不开对中华优秀传统文化和革命文化、社会主义先进文化之间关系的把握。

坚持关联性原则还要处理好中华优秀传统文化与外国文化的关系。传统文化的现代转型除了要立足于本民族文化发展，还要着眼于世界文化的有机融合。我们常说，文化是民族的，也是世界的。从民族文化的形成发展来说，每一个民族都有属于自己的民族文化，文化先是民族的然后才是世界的，只有具有民族特色的文化才能与世界其他民族文化相互交流、相互学习、相互借鉴。“丰富多彩的人类文明都有自己存在的价值。要理性处理本国文明与其他文明的差异，认识到每一个国家和民族的文明都是独特的，坚持求同存异、取长补短，不攻击、不贬损其他文明。”② 推动中国传统文化的现代转型，自然也需要汲取国外优秀文化，荟萃人类优秀文化成果，促使自己的文化成果融入世界文明体系之中，向世界讲好中国历史文化故事，“讲清楚中华文明的灿烂成就和对人类文明的重大贡献，让世界了解中国历史、了解中华民族精神”③。

① 习近平. 决胜全面建成小康社会 夺取新时代中国特色社会主义伟大胜利：在中国共产党第十九次全国代表大会上的报告. 北京：人民出版社，2017：41.

② 习近平. 在纪念孔子诞辰2565周年国际学术研讨会暨国际儒学联合会第五届会员大会开幕会上的讲话. 人民日报，2014-09-25（2）.

③ 习近平. 建设中国特色中国风格中国气派的考古学 更好认识源远流长博大精深的中华文明. 求是，2020（23）.

三、在坚持主体性原则中推动中华优秀传统文化创新性发展

主体性原则是就中华优秀传统文化创造性转化、创新性发展由谁来主导而言的。习近平总书记指出："任何文化要立得住、行得远，要有引领力、凝聚力、塑造力、辐射力，就必须有自己的主体性。""有了文化主体性，就有了文化意义上坚定的自我，文化自信就有了根本依托，中国共产党就有了引领时代的强大文化力量，中华民族和中国人民就有了国家认同的坚实文化基础，中华文明就有了和世界其他文明交流互鉴的鲜明文化特性。"① 对于一个民族而言，文化主体性反映了该民族对自身文化的自觉意识、自主立场、自信程度，是其区别于其他民族的鲜明文化特质。社会中的人是"作为个人的存在"，"同时又是社会存在物"②。那么，人的存在方式有类、群体和个体。推动传统文化现代转型，从主体维度来说，就需要从国家、社会和个人等层面协同发力。

坚持主体性原则需要从国家整体层面通盘考虑中国传统文化现代化转型问题。在民族历史文化的长河中，引导和调节传统文化和现代文化之间的关系，推动传统文化的现代化发展，是一个国家作为整体对民族、对社会应当承担的历史责任。马克思曾指出，"正像在自然界中，当某种存在物完全不再符合自己的使命时，解体和死亡自然就会到来一样，正像世界历史会决定，一个国家是否已完全同国家观念相矛盾，以致不值得继续存在一样"③。具体到我们中华优秀传统文化的创造性转化、创新性发展，就应该把支配权和主导权掌握于国家手中，国家切实担负起传统文化现代转型的主要承担者和领导者的责任，从国家整体战略和提高国家文化软实力的高度把中华优秀传统文化融入中国特色社会主义现代化建设，尤其是中国特色社会主义文化建设之中。

坚持主体性原则还要求社会多方主体共同参与中华优秀传统文化创造性转化、创新性发展。小到我们每个个体，大到社会集体，都是在由传统社会向现代社会的转化过程中、在不断解决传统和现代之间的矛盾中实现蜕变的。这是任何人任何社会都自觉或不自觉承担的历史责任。每个个体必须认识到自己作为社会的一分子，历史的演进发展需要我们

① 习近平. 在文化传承发展座谈会上的讲话. 北京：人民出版社，2023：8，9.

② 马克思，恩格斯. 马克思恩格斯全集：第3卷. 2版. 北京：人民出版社，2002：297.

③ 马克思，恩格斯. 马克思恩格斯全集：第1卷. 2版. 北京：人民出版社，1995：348.

共同推进，置身事外只能被历史和社会所淘汰，而且“作为确定的人，现实的人，你就有规定，就有使命，就有任务，至于你是否意识到这一点，那都是无所谓的。这个任务是由于你的需要及其与现存世界的联系而产生的”①。这也就是说，推动传统文化现代转型，实现中华优秀传统文化创造性转化、创新性发展，必然要由我们每一个个体来承担。在国家文化建设的统一部署下，尤其是在习近平总书记关于中华优秀传统文化的重要论述、《关于实施中华优秀传统文化传承发展工程的意见》、《完善中华优秀传统文化教育指导纲要》等重要讲话精神和重要文件的指导下，我们每一个个体都要深化对中华优秀传统文化的认知和把握，并以实际行动传承和弘扬中华优秀传统文化。所以，从国家到社会，再到个人，都是实现中华优秀传统文化创造性转化、创新性发展的承担者、参与者和贡献者。

第二节　将中华优秀传统文化融入大中小学思政课一体化建设

党的二十大报告指出，“中华优秀传统文化源远流长、博大精深，是中华文明的智慧结晶”②，要“传承中华优秀传统文化”，“不断提升国家文化软实力和中华文化影响力”③。中华优秀传统文化是中华民族的根和魂，以中国式现代化全面推进中华民族伟大复兴，需要充分发挥中华文化的力量，切实加强中华优秀传统文化教育。中华优秀传统文化教育是中国特色社会主义教育的重要组成部分，高质量地开展中华优秀传统文化教育，要求融其于大中小学思政课一体化建设中，系统把握中华优秀传统文化教育融入大中小学思政课一体化建设的统筹设计、学段特色和多重路径。

---

① 马克思，恩格斯. 马克思恩格斯全集：第3卷. 北京：人民出版社，1960：329.

② 习近平. 高举中国特色社会主义伟大旗帜 为全面建设社会主义现代化国家而团结奋斗：在中国共产党第二十次全国代表大会上的报告. 北京：人民出版社，2022：18.

③ 习近平. 高举中国特色社会主义伟大旗帜 为全面建设社会主义现代化国家而团结奋斗：在中国共产党第二十次全国代表大会上的报告. 北京：人民出版社，2022：43.

一、中华优秀传统文化教育融入大中小学思政课一体化建设的统筹设计

青少年是国家的未来、民族的希望，关系到中国特色社会主义事业能否后继有人。习近平总书记在中国人民大学考察时强调："青少年思想政治教育是一个接续的过程，要针对青少年成长的不同阶段，有针对性地开展思想政治教育。"① 高质量开展中华优秀传统文化教育，就必须根据学生不同阶段的成长特点，把中华优秀传统文化教育融入大中小学思政课一体化建设中，大中小学各学段循序渐进、螺旋式上升地推进中华优秀传统文化教育。

（一）中华优秀传统文化教育融入大中小学思政课一体化建设的重要内容

党的二十大报告用天下为公、民为邦本、为政以德、革故鼎新、任人唯贤、天人合一、自强不息、厚德载物、讲信修睦、亲仁善邻等古语，来集中反映中国人民在长期生产生活中积累形成的宇宙观、天下观、社会观和道德观。中华优秀传统文化是中华民族长久以来积淀的器物、制度、思想以及行为习惯的集合，是经过积淀、筛选、转化和传续而塑造的历史文化形态，它体现在中华民族的社会生活中，融于民族血脉和文化基因里，凝聚着中华民族普遍认同和广泛接受的道德规范、思想品格和价值取向。中华优秀传统文化教育融入大中小学思政课一体化建设，就要以习近平总书记关于中华优秀传统文化的重要论述为指导，结合大中小学各学段学生的认识规律和接受程度，围绕核心思想理念、中华人文精神和中华传统美德开展中华优秀传统文化教育。一是在衔接贯通中强化核心思想理念教育。重点讲授中华民族和中国人民在修齐治平、尊时守位、知常达变、开物成务、建功立业过程中培育和形成的基本思想理念，比如革故鼎新、与时俱进的思想，脚踏实地、实事求是的思想，惠民利民、安民富民的思想，道法自然、天人合一的思想等。二是在衔接贯通中强化中华人文精神教育。重点讲授中华优秀传统文化积淀着多样、珍贵的精神财富，比如和而不同的处世方法、以文化人的教化思想、形神兼备的美学追求、中和泰和的生活理念等。三是在衔接贯

① 习近平在中国人民大学考察时强调 坚持党的领导传承红色基因扎根中国大地 走出一条建设中国特色世界一流大学新路. 人民日报，2022-04-26（1）.

通中强化中华传统美德教育。重点讲授中华优秀传统文化蕴含的丰富的道德理念和规范，比如天下兴亡、匹夫有责的担当意识，精忠报国、振兴中华的爱国情怀，崇德向善、见贤思齐的社会风尚，孝悌忠信、礼义廉耻的荣辱观念等。

（二）中华优秀传统文化教育融入大中小学思政课一体化建设的基本遵循

中华优秀传统文化教育融入大中小学思政课一体化建设，既具有统筹推进大中小学思想政治教育一体化建设的普遍原则，又具有中华优秀传统文化教育循序开展的特殊要求。系统推进核心思想理念、中华人文精神、中华传统美德融入大中小学思政课一体化建设，必须按照以下基本遵循而展开。首先，坚持正确价值导向，秉持客观、科学、礼敬的态度继承发展。遵循辩证唯物主义和历史唯物主义，对传统文化取其精华、去其糟粕，有鉴别地加以对待、有扬弃地予以继承；同时结合时代要求，衔接古今，赋予中华优秀传统文化新的时代内涵和现代表达。其次，遵循学生认识规律，在循序渐进、螺旋式上升中贴近学生实际。从小学，到初中、高中，再到大学，是一个随着年龄增长，由浅入深、从感性到理性的认知发展过程。大中小学中华优秀传统文化教育不能机械化重复，也不能断裂式脱节，必须在遵循学生认知规律的前提下，确定不同学段的教育目标以及具体学习内容、载体形式，区分层次、突出重点，内容和形式适宜、容量适中，努力贴近学生生活、学习、思想实际。最后，科学合理有机融入，形成纵向衔接、横向贯通的系统化格局。大中小学思政课均有中华优秀传统文化部分的内容和体量，以此为依据，贯通大中小学各学段，更为深入地融入中华优秀传统文化的经典篇目、人文典故、基本常识、科技成就，以及艺术与特色技能等，使核心思想理念、中华人文精神、中华传统美德等贯穿教育过程始终，确保中华优秀传统文化内容全覆盖，形成纵向有机衔接、横向协同配合的格局。

（三）中华优秀传统文化教育融入大中小学思政课一体化建设的着力点

党的十八大以来，大中小学中华优秀传统文化教育不断加强。《完善中华优秀传统文化教育指导纲要》《关于实施中华优秀传统文化传承发展工程的意见》《中华优秀传统文化进中小学课程教材指南》《中小学加强和改进中华优秀传统文化教育工作方案》等文件的颁布，为中华优秀传统文化教育的深入开展与有效落实指明了方向，对于增强广大学生的文化自觉自信等发挥了积极作用。面对新征程、新形势、新要求，中华优秀传统文化教育在已有成效的基础上，应该着重关注一系列重点问题：其一，处理好知识讲授与精神阐释的关系。目前中华优秀传统文化教育教学中，存在重知识讲授、轻精神内涵阐释的倾向，将教学的重点局限于名著名篇、名言名句、科学成就等基本知识的讲授上，缺乏对中华优秀传统文化蕴含的思想精华、理论逻辑、时代价值等精神内涵的挖掘和阐释。所以，必须坚持知识讲授与精神阐释相统一，不仅要原汁原味地讲好中华优秀传统文化的基本内涵，比如人性论、人伦观、义利观、忠孝观、德治论、修身观等，而且还要深入浅出地讲出中华优秀传统文化的精髓要义，挖掘中国人民在长期生产生活中积淀的宇宙观、天下观、社会观、道德观。其二，处理好系统推进与重点融入的关系。目前中华优秀传统文化教育的重要性引起了各学段的重视，但是各学段之间的纵向衔接、循序渐进，同一学段之间的横向贯通、交错互补，还缺乏针对性和系统性。所以，必须坚持系统推进与重点融入相统一，根据不同学段学生的身心发展特点，基于中华优秀传统文化与思政课的内在联系，既区分层次、突出重点，又有机衔接、逐步推进。其三，处理好课堂教学与实践教育的关系。目前在中华优秀传统文化教育教学过程中，课堂教学与实践教育均有长足发展，但是二者在协同配合方面存有不足。所以，必须坚持课堂教学与实践教育相统一，充分发挥课堂教学主渠道作用的同时，激发中华优秀传统文化实践教学基地的育人能量，汇聚大中小学中华优秀传统文化教育的最大合力。

二、中华优秀传统文化教育融入大中小学思政课一体化建设的学段特色

推动中华优秀传统文化教育融入大中小学思政课一体化建设，在厘清重要内容、明确基本遵循、关注重点问题的基础上，还要结合不同学段的具体要求，小学阶段重在启蒙式学习，培养道德情感、涵养正气；初中阶段重在体验性学习，打牢思想基础、知书明理；高中阶段重在常识性学习，提升政治素养、修身立志；大学阶段重在理论性学习，增强使命担当、刚毅有为，全力展现中华优秀传统文化教育融入大中小学思

政课一体化建设的学段特色。

（一）小学阶段：以养正为重点的中华优秀传统文化启蒙教育

小学阶段重在启蒙道德情感，养正是小学阶段中华优秀传统文化教育的目标体现。中华优秀传统文化教育在小学阶段主要以培育学生对中华优秀传统文化的亲切感和感受力为重点，由启蒙教育入手，介绍中华民族重要历史人物、传统节日、风俗习惯、发明发现等，使学生初步了解中华优秀传统文化的源远流长、丰富多彩，从而引导学生形成热爱中华优秀传统文化的情感，形成做中华优秀传统文化传承者和弘扬者的美好愿望。一是聚焦行为习惯的养成，选取反映中华传统美德的经典故事、人物事件、格言和经典篇目中的名句，比如“孔融让梨”“出必告，反必面”“敏而好学，不耻下问”等，帮助学生初步感悟中华优秀传统文化中所蕴含的做人道理，建立对中华优秀传统文化的喜爱和兴趣。二是聚焦认识理解社会，突出反映中华民族生产生活、社会交往的经典故事、人物事件、格言和经典篇目中的名句，比如“徙木立信”“由俭入奢易，由奢入俭难”等，帮助学生初步了解中华优秀传统文化中所蕴含的社会伦理和风尚，明晰中华优秀传统文化在日常生活中的体现和影响。三是聚焦认识国家历史，选用历史上有代表性的科技成就、文物建筑和民俗风情，比如四大发明、紫禁城、长城、民族节日习俗等，促使学生在中华优秀传统文化中感知历史、领悟风骚，不断提升国家认同感和民族自豪感。总之，在识字写字、诵读诗文、听闻典故、亲近先贤、关注习俗等教育教学中，引导学生在日常生活中增进对中华文化的认识，养成孝老敬亲、礼貌待人，勤俭节约、吃苦耐劳，言行一致等传统美德，体认中华优秀传统文化，建立对民族历史文化的“初印象”。

（二）初中阶段：以明理为重点的中华优秀传统文化知识教育

初中阶段重在打牢思想基础，明理是初中阶段中华优秀传统文化教育的目标要求。中华优秀传统文化教育在初中阶段主要以增强学生对中华优秀传统文化的理解力为重点，比较系统地介绍我国各族人民创造灿烂文化的历史及伟大成就，引导学生进一步认识中华优秀传统文化的博大精深、悠久历史及其对世界的意义，提高对中华优秀传统文化的认同度，强化做中华优秀传统文化传承者和弘扬者的思想意识。一是聚焦个人品德修养，运用反映中华民族优秀道德品质的格言、典故、人物事件，比如“季布重诺”“吾日三省吾身”“见贤思齐”“梨虽无主，我心有主”等，促进学生养成诚实守信、自律自省、崇德向善等优秀品质，传承中华传统美德的基本精神。二是聚焦个人与社会发展，增加反映个人发展、社会和谐和责任担当的格言、典故、人物事件和经典篇目中的名句，比如“己所不欲，勿施于人”“老吾老以及人之老，幼吾幼以及人之幼”等，帮助学生深化对“小我”与“大我”关系的认识，形成乐于助人、奉献社会的思想意识。三是聚焦认识理解国情，强化反映历史上有代表性的科技成就、文物建筑和民俗风情，以及格言、典故、人物事件和经典篇目中的名句，比如“苟利国家生死以，岂因祸福避趋之”“天下兴亡，匹夫有责”“位卑未敢忘忧国”等，增强学生的家国情怀。总之，在临摹名家书法、阅读经典文献、欣赏传统艺术、参与礼仪活动等学习活动设计中，引导学生尊重各民族传统习俗，珍视各民族共同创造的中华优秀文明成果，践行中华传统美德，进一步增强中华民族归属感和自豪感。

（三）高中阶段：以立志为重点的中华优秀传统文化精神教育

高中阶段重在提升政治素养，立志是高中阶段中华优秀传统文化教育的目标要求。中华优秀传统文化教育在高中阶段主要以增强学生对中华优秀传统文化的理性认识和践行能力为重点，讲述中华民族多元一体的历史渊源及重要学术、艺术流派等，使学生领悟中华民族的独特智慧和中华优秀传统文化的基本精神，坚定文化自信，坚持文化传承，积淀做中华优秀传统文化传承者和弘扬者的理论基础。一是聚焦文化发展与文化成就，系统梳理具有代表性的文化作品、思想观点、人物事件和文物建筑，比如“文化”词源、敦煌石窟、中华典籍、家风家训等，帮助学生理解中华文化的博大精深、源远流长，坚定文化自信和文化自觉。二是聚焦理解经济与社会发展，专题讲授具有代表性的思想观点、历史典故、人物事件和经典篇目中的名句，比如孔子“富民”“教民”思想、“仓廪实而知礼节，衣食足而知荣辱”等，帮助学生理解经济发展与社会进步的关系，体会惠民利民、富民安民的思想观念及其当代价值。三是聚焦理解国家和社会治理，深入讲解具有代表性的思想观点、格言、典故、人物事件和经典篇目中的名句，如“民惟邦本，本固邦宁”“水能载舟，亦能覆舟”“法者，治之端也”等，帮助学生理解中国古人治国安邦的智慧，领悟讲仁爱、重民本、守诚信、崇正义、尚和合、求大同的思想理念。总之，在经典作品、文化考察与专题研究等学习活动设计中，引导学生自觉践行中华传统美德，厚植爱国情怀和担当意识。

（四）大学阶段：以有为为重点的中华优秀传统文化传承教育

大学阶段重在增强使命担当，有为是大学阶段中华优秀传统文化教育的目标追求。中华优秀传统文化教育在大学阶段主要以强化继承和创新中华优秀传统文化的时代责任和使命意识为重点，深入挖掘中国人民在长期生产生活实践中积淀的宇宙观、天下观、社会观、道德观，引导学生增强推动中华优秀传统文化创造性转化、创新性发展的理论自觉，强化做中华优秀传统文化传承者和弘扬者的使命担当。一是聚焦中华优秀传统文化精华，深度挖掘反映中华民族核心思想理念、中华人文精神和中华传统美德的思想观点、典籍故事、人物事件和名著名篇，比如“天人合一”“天下大同”“克己慎独”等，帮助学生理解掌握中国人民认识世界、改造世界的基本观点和基本方法，体悟中华民族深厚的文化底蕴、灿烂辉煌的智慧结晶以及绵延不绝的文明活力。二是聚焦中华文化的比较优势与交流互鉴，系统学习习近平总书记关于中华优秀传统文化的重要论述，比如“中华文明是在同其他文明不断交流互鉴中形成的开放体系”“文明因多样而交流，因交流而互鉴，因互鉴而发展”等，帮助学生理解人类文明发展规律，增强对中华民族禀赋、中华民族特点、中华民族精神的理解力和认同感。三是聚焦中华优秀传统文化创造性转化、创新性发展，深刻阐释习近平总书记关于“两个结合”的重要论述，比如中华优秀传统文化“同科学社会主义价值观主张具有高度契合性”“坚持把马克思主义基本原理同中国具体实际相结合、同中华优秀传统文化相结合”“只有植根本国、本民族历史文化沃土，马克思主义真理之树才能根深叶茂”等，引导学生用马克思主义的真理力量激活中华优秀传统文化，增进推动继承和创新中华优秀传统文化的历史主动精神。总之，在专题研讨、实践教学、交流展示等学习活动设计中，引导学生深化认识“两个结合”，自觉推动中华优秀传统文化创造性转化、创新性发展，坚定走中国式现代化道路的历史自信和战略主动。

三、中华优秀传统文化教育融入大中小学思政课一体化建设的多重路径

党的二十大报告站在推进文化自信自强、铸就社会主义文化新辉煌

的高度，科学阐明新时代新征程广泛践行社会主义核心价值观、加强改进思想政治工作的一系列重大问题，明确提出要“推进大中小学思想政治教育一体化建设”①。推动中华优秀传统文化教育融入大中小学思政课一体化建设，作为大中小学思想政治教育一体化建设的重要组成部分，需要在紧扣各学段目标和特色的基础上，从学理研究、课程体系、主体合力和有利资源等多个角度，探索整体贯通大中小学中华优秀传统文化教育的多重路径。

（一）强化中华优秀传统文化教育核心内容的学理研究

教学与科研是相辅相成的关系，教学服务科研，科研支撑教学。加强中华优秀传统文化教育离不开对中华优秀传统文化的研究，推动中华优秀传统文化教育融入大中小学思政课一体化建设，则更需要以对中华优秀传统文化教育核心内容的学理阐释支撑一体贯通，打通各学段联结的堵点。首先，加强中华优秀传统文化思想精华与时代价值研究。中华优秀传统文化是中华民族最基本的文化基因，是中华民族在几千年的历史发展中积淀传续的看待宇宙、世界、社会和人生的独特价值体系。加强中华优秀传统文化教育，首先要弄明白中华优秀传统文化的思想精华与时代价值，以科研支撑、学理阐释夯实中华优秀传统文化教育融入大中小学思政课一体化建设的“第一步”。其次，加强中华优秀传统文化教育教学规律研究。中华优秀传统文化教育教学规律既具有教育的普遍特征，又有着自身的特殊要求。加强中华优秀传统文化教育，必须着眼于人类文化发展，立足于人的思想品德形成发展和对人进行思想政治教育的规律，明确开展中华优秀传统文化教育教学的过程逻辑和运作机理。最后，加强大中小学中华优秀传统文化教育的衔接贯通研究。中华优秀传统文化教育融入大中小学思政课一体化建设重在各学段的衔接贯通，必须充分利用传统文化优势学科、重点研究基地和相关科研力量，加强中华优秀传统文化教育贯通大中小学各学段的聚力攻关，试点先行、示范带动，推动中华优秀传统文化教育融入大中小学思政课一体化建设走深走实。

（二）构建中华优秀传统文化教育系统融入的课程体系

课程是教学的重要渠道，有了中华优秀传统文化课程体系，中华优

① 习近平. 高举中国特色社会主义伟大旗帜 为全面建设社会主义现代化国家而团结奋斗：在中国共产党第二十次全国代表大会上的报告. 北京：人民出版社，2022：44.

秀传统文化教育融入大中下学思政课一体化建设才有基本的教学依托。构建中华优秀传统文化课程体系，既是深入党史、新中国史、改革开放史、社会主义发展史、中华民族发展史等“五史”教育的具体途径，也是推动中华优秀传统文化教育融入大中小学思政课一体化建设的重要依托。首先，开设“中华优秀传统文化概论”等思政必修课和选修课。在保持思政必修课设置相对稳定的基础上，在以习近平新时代中国特色社会主义思想为核心内容的思政课课程群建设过程中，形成并拓宽以弘扬和继承中华优秀传统文化为主题的必修课加选修课的课程体系。比如，中国人民大学率先开设“中华优秀传统文化概论”思政选修课，构建循序渐进、螺旋式上升的本硕博思政必修课+选修课课程体系，形成了思政课的人大经验、人大品牌和人大特色。其次，增加思政课程中的中华优秀传统文化的内容含量。习近平总书记指出：“使各类课程与思想政治理论课同向同行，形成协同效应。”① 思想政治教育元素不只凝结于专门设立的思政课中，而是内嵌于各门课程的内在逻辑之中并不断深化。推动中华优秀传统文化教育一体贯通，就要在尊重其他学科的专业性和育人方式的特殊性的基础上，增加中华优秀传统文化的内容含量，使不同学科的属性特征、思维方法、价值理念成为大中小学各学段中华优秀传统文化教育的有效补充。最后，组织编写中华优秀传统文化普及读物。根据中小学课程标准，修订中小学教材，提高中华优秀传统文化教学的比重；在高校统一推广使用马克思主义理论研究和建设工程重点教材《中国文化概论》；组织专门力量结合地方课程、校本课程有针对性地编写中华优秀传统文化读本。

（三）凝聚中华优秀传统文化教育多元协同的主体合力

教育主体是教学实施的主导力量，主体力量往往不是单一的，而是多元的。中华优秀传统文化教育融入大中小学思政课一体化建设是一个系统工程，需要凝聚以思政课教师队伍为核心、专兼职骨干力量多元协同的主体合力。一方面，强化开展中华优秀传统文化教育的思政课教师队伍建设。思政课教师是中华优秀传统文化教育融入大中小学思政课一体化建设的核心力量。习近平总书记指出，“办好思想政治理论课关键在教师，关键在发挥教师的积极性、主动性、创造性”②。统筹推进大

① 习近平．论党的宣传思想工作．北京：中央文献出版社，2020：277.

② 习近平．思政课是落实立德树人根本任务的关键课程．北京：人民出版社，2020：10.

中小学思政课一体化建设，更好地将中华优秀传统文化教育融于其中，就必须调动发挥好各学段思政课教师的积极性、主动性、创造性，激励其在遵循思想政治教育规律、教书育人规律、学生成长规律的基础上，把握新形势，适应新要求，探索新办法，做到因时而变、因时而进、因时而新，才能为中华优秀传统文化教育注入强劲动能。另一方面，打造一支中华优秀传统文化教育的专兼职骨干队伍。专兼职骨干是中华优秀传统文化教育融入大中小学思政课一体化建设的补充力量。深入开展创建中华优秀传统文化艺术传承学校活动，邀请传统文化名家、非物质文化遗产传承人等进校园、进课堂，鼓励他们参与到大中小学中华优秀传统文化教育教学过程中，建立“双向进入”机制，设立中华优秀传统文化教育教学特设岗位和名师工作室。比如，有着“敦煌女儿”之称的樊锦诗致力于推动传统文化保护与教育，是中华优秀传统文化教育融入大中小学思政课一体化建设的典型代表和重要力量。同时，还要在长江学者奖励计划、“万人计划”教学名师等各类人才评选中，增加中华优秀传统文化教学和研究的人才比重，培养和造就一批中华优秀传统文化教学名师和学科领军人才。

（四）整合中华优秀传统文化教育多元支撑的有利资源

育人资源是丰富教育教学活动的必要支撑，共建共享是整合教育有利资源的基本原则。推动中华优秀传统文化教育融入大中小学思政课一体化建设，有必要在丰富拓展育人资源的基础上，深度整合现有的有利资源，构建中华优秀传统文化教育的新格局。首在“开源”，拓展中华优秀传统文化教育教学资源。在现有中华优秀传统文化教学实践基地的基础上，善用“大思政课”，考察并充分利用博物馆、纪念馆、文化馆（站）、故居旧址、名胜古迹、文化遗产等，把思政小课堂与社会大课堂有机结合起来，组织学生进行实地考察和现场教学，建立广大学生定期参观公共文化机构的长效机制；此外，还可以挖掘并巧妙运用《典籍里的中国》《中国诗词大会》等传统文化节目的育人资源。重在“集聚”，发挥中华优秀传统文化教育教学资源的聚合效应。博大精深、源远流长的中华文化积淀形成了丰富多样、特色鲜明的文化资源。中华优秀传统文化教育融入大中小学思政课一体化建设，要在“开源”的同时，将现有的“资源点”，穿成“资源线”，连成“资源面”，最大限度发挥中华优秀传统文化教育教学资源的聚合效应。新在“转型”，建设中华优秀传统文化教育教学的网络资源平台。党的二十大首次将“教育数字化”写进报告，提出“推进教育数字化，建设全民终身学习的学习型社会、学习型大国”①。“教育数字化是我国开辟教育发展新赛道和塑造教育发展新优势的重要突破口。”② 中华优秀传统文化教育融入大中小学思政课一体化建设，也要顺应教育数字化的发展趋势，开发适合线上教学的传统文化精品佳作，推动中华优秀传统文化网络传播，运用现代信息技术为中华优秀传统文化教育融入大中小学思政课一体化建设赋能。

第三节 把中华优秀传统文化挺立在全面深化改革的新征程上

党的二十届三中全会通过的《中共中央关于进一步全面深化改革 推进中国式现代化的决定》明确强调：“中国式现代化是在改革开放中不断推进的，也必将在改革开放中开辟广阔前景。”③ 改革开放是决定当代中国命运的关键一招，也是实现中华民族伟大复兴的关键一招。在进一步全面深化改革、推进中国式现代化的新征程上，要继续把改革开放推向前进，就要在历史与现实、传统与当代的逻辑演绎中，深刻把握当代中国改革开放的历史文化底蕴与价值旨归。习近平总书记指出：“马克思主义中国化时代化这个重大命题本身就决定，我们决不能抛弃马克思主义这个魂脉，决不能抛弃中华优秀传统文化这个根脉。”④ 从某种程度上来说，当代中国改革开放的成功推进是中国特色社会主义道路历史文化渊源与时代发展境遇相结合的历史产物，是“两个结合”与中国马克思主义的理论发展在中国道路选择上的集中体现。因此，必须从中国特色社会主义发展的规律性认识的角度，深刻把握中华优秀传统文化

① 习近平. 高举中国特色社会主义伟大旗帜 为全面建设社会主义现代化国家而团结奋斗：在中国共产党第二十次全国代表大会上的报告. 北京：人民出版社，2022：34.

② 习近平在中共中央政治局第五次集体学习时强调 加快建设教育强国 为中华民族伟大复兴提供有力支撑. 人民日报，2023-05-30 (1).

③ 中共中央关于进一步全面深化改革 推进中国式现代化的决定. 北京：人民出版社，2024：2.

④ 习近平在中共中央政治局第六次集体学习时强调 不断深化对党的理论创新的规律性认识 在新时代新征程上取得更为丰硕的理论创新成果. 人民日报，2023-07-02 (1).

与当代中国改革开放的深层逻辑，增强进一步全面深化改革、推进中国式现代化的历史自觉、历史自信。

一、变革和开放精神是中华民族一脉相承的精神禀赋

中国文化源远流长，中华文明博大精深。习近平总书记指出："如果没有中华五千年文明，哪里有什么中国特色？如果不是中国特色，哪有我们今天这么成功的中国特色社会主义道路？"① 在 5 000 多年的历史长河中，中华民族在改造客观世界和主观世界的实践中形成了鲜明的核心思想观念、中华人文精神和中华传统美德，其中不乏以求变求新为突出特征的变革理念和开放精神。它们在时空变换的历史长河中经过反复的实践检验得以传续下来，构成了中华优秀传统文化的重要元素，积淀着当代中国改革开放的历史文化渊源。

从变革的文化传统来看，变革理念是中华文明永葆生机的力量源泉，也是推动社会向前发展的精神动力。习近平总书记指出："文明永续发展，既需要薪火相传、代代守护，更需要顺时应势、推陈出新。世界文明历史揭示了一个规律：任何一种文明都要与时偕行，不断吸纳时代精华。"② 中华文明是革故鼎新、辉光日新的文明，作为一个有机整体，具有坚强的发展韧性和突出的调适能力，善于在求变中与时俱进。从变革的历史自觉来看，中华民族具有求变求新的高度自觉性。商汤古盘上镌刻的"苟日新，日日新，又日新"、《周易》中的"穷则变，变则通，通则久"（《周易·系辞下》）、商鞅所言的"治世不一道，便国不法古"（《商君书·更法》）、管仲所说的"不慕古，不留今，与时变，与俗化"（《管子·正世》）、梁启超所言的"变者，天下之公理也"（《变法通议》）等，都鲜明体现了中华民族追求与时俱进、变革求新的自觉意识。从变革的历史必然来看，中华民族从创新与守旧的利害关系中坚定变革的必要性。韩非子的"世异则事异，事异则备变"（《韩非子·五蠹》）、顾炎武的"居不得不变之势，而犹诲其变之实，而姑守其不变之名，必至于大弊"（《亭林文集·军制论》）等，从变与不变的辩证关系角度深刻总结了正反两方面的经验教训，进一步明确了推行变革的历史必要性。从变革的原则方法来看，中华民族在变革实践中总结出因时制宜、

① 习近平．习近平谈治国理政：第 4 卷．北京：外文出版社，2022：315．

② 习近平．习近平谈治国理政：第 3 卷．北京：外文出版社，2020：470．

因事制宜、因地制宜的方法论，如《吕氏春秋》中的“世易时移，变法宜矣”（《吕氏春秋·察今》），从时空境遇的角度阐明变革所应遵循的原则方法；《盐铁论》中的“明者因时而变，知者随世而制”，从主体认识的角度交代变革要与实际情况相结合。当然，诸如“天变不足畏，祖宗不足法，人言不足恤”（《宋史·王安石列传》）等，也充分彰显了中华民族勇于变革、敢于变革的决心、意志。正是在革新精神的引领下，中国历史上发生了商鞅变法、王安石变法、张居正改革、洋务运动、戊戌变法等无数变法变革图强运动，对后来社会制度的建构产生深远影响。正如习近平总书记所指出的，“中华文明具有突出的创新性”，“从根本上决定了中华民族守正不守旧、尊古不复古的进取精神，决定了中华民族不惧新挑战、勇于接受新事物的无畏品格”①。变革理念已经深深融入中华民族的精神血脉中，集中体现为一种进取姿态，历经千年而不衰，铸就了中华民族一往无前的精神特质。

从开放的文化传统来看，开放精神是中华文明发展壮大的文化密码，也是推动人类文明进步和世界和平发展的不竭动力。习近平总书记指出：“中华文明是在同其他文明不断交流互鉴中形成的开放体系。从历史上的佛教东传、‘伊儒会通’，到近代以来的‘西学东渐’、新文化运动、马克思主义和社会主义思想传入中国，再到改革开放以来全方位对外开放，中华文明始终在兼收并蓄中历久弥新。”② 中华文明在历史发展中始终面向世界、博采众长，坚持以我为主、为我所用，辩证吸收有益文明成果，形成了开放包容的文化体系。一方面，中华民族善于同世界其他文明交流互鉴，既保持自身的民族特色，又融合新的文化内容。自古以来，中华民族就秉持着“万物并育而不相害，道并行而不相悖”（《礼记·中庸》）、“和羹之美，在于合异”（《三国志·夏侯玄传》）的理念，始终与世界其他民族保持着文化与经济交流，促进不同民族、国家之间和平合作、互学互鉴与互利共赢。陆上古丝绸之路“使者相望于道，商旅不绝于途”，海上丝绸之路“舶交海中，不知其数”，盛唐时期“万国衣冠会长安”，宋元之际“梯航万国海相通”，以及明代郑和七度下西洋“文明传四海，贸易达三江”等。尤其是中国古代四大发明传到欧洲，极大地推动了欧洲社会生产力和近代科学技术的发展，马克思

① 习近平．在文化传承发展座谈会上的讲话．北京：人民出版社，2023：3.

② 习近平．习近平谈治国理政：第3卷．北京：外文出版社，2020：471.

曾高度评价道："火药、指南针、印刷术——这是预告资本阶级社会到来的三大发明。"① 包括近代中国留学生先后到欧洲勤工俭学，探索救国图强之道。中华民族这些对外文明交流的典范不仅有"走出去"的文化传播，也有"引进来"的文化吸纳，为中华文明发展增添新的发展活力。另一方面，中华民族在受到外来文明冲击时，能够成功应对外来的挑战。在交流互鉴的过程中，面对外来文明的冲击与碰撞，中华文明展现出"融同化异"的坚韧特性。正是这一特性，使得中华民族在文化交流交融交锋的过程中始终保持高度自信，避免被其他文明反噬。数千年来，中华文明在与外界的接触中，融摄游牧文明、波斯文明、印度教文明、阿拉伯文明、欧洲文明，为中华文明注入新的活力。即使在历史的最低谷，中华文明也并未中断，而是在西化与复古之外走出第三条道路，选择了马克思主义，不断实现源自西欧的马克思主义和立足中国大地的中华优秀传统文化相结合，中国人的精神从被动转向主动，中华文明展开了新的历史篇章。可以说，自古以来，中华民族始终在开放包容中不断创新发展，一再印证习近平总书记所强调的，"中华文明自古就以开放包容闻名于世，在同其他文明的交流互鉴中不断焕发新的生命力"②。

以数千年大历史观观之，变革和开放总体上是中国的历史常态。变革理念和开放精神在中华民族 5 000 多年的历史长河中不断得到历史性检验和批判性继承，逐渐形成变革创新、开放包容的优秀文化传统，为中华民族提供文化滋养和精神源泉。党的十一届三中全会作出改革开放的伟大决策，当代中国的改革开放内在地要求植根于中华优秀传统文化的历史文化沃土中，继承和发扬中华优秀传统文化中的变革和开放精神，以深厚的历史渊源和文化根基支撑中华民族以改革开放的姿态继续走向未来。

二、当代中国改革开放对中华优秀传统文化的继承发展

传统文化是历史积淀的文明遗产，是迈向现代文明的前提条件。马克思指出："人们自己创造自己的历史，但是他们并不是随心所欲地创造，并不是在他们自己选定的条件下创造，而是在直接碰到的、既定

① 马克思，恩格斯. 马克思恩格斯文集：第 8 卷. 北京：人民出版社，2009：338.

② 习近平. 把中国文明历史研究引向深入 增强历史自觉坚定文化自信. 求是，2022（14）.

的、从过去承继下来的条件下创造。”① 任何领域的思想观念都必须在已有思想材料的基础上批判转化而来，换言之，一定程度上都是传统文化批判转化的结果。诚然，任何文化都是特定历史时代的产物，传统文化经过漫长的形成过程，不可避免地打上了传统社会的印记，在内容和形式上或多或少存在着与今天的现实生活不相适应的地方。这就必然要求我们站在社会形态更替的高度来认识和把握传统文化，推动中华优秀传统文化创造性转化、创新性发展。

中国共产党自成立之日起，既是中国先进文化的积极引领者和践行者，又是中华优秀传统文化的忠实传承者和弘扬者。在百余年的奋斗历程中，我们党从理论和实践上找到了正确处理马克思主义与中华优秀传统文化关系问题的正确道路，那就是坚持把马克思主义基本原理同中华优秀传统文化相结合，“决不能抛弃马克思主义这个魂脉，决不能抛弃中华优秀传统文化这个根脉”②，用马克思主义真理力量激活中华优秀传统文化生命力，“让马克思主义成为中国的，中华优秀传统文化成为现代的，让经由‘结合’而形成的新文化成为中国式现代化的文化形态”③。当代中国的改革开放就是以马克思主义为指导，传承中华优秀传统文化，在经济、政治、文化、社会、生态文明等治理体制机制上不断变革和开放的过程，有着深厚的历史渊源和文化根基。那么，从“两个结合”的维度来把握当代中国改革开放的根本，就是深刻把握我们党在改革开放实践中，如何把马克思主义基本原理同中华优秀传统文化相结合，创造性转化中华优秀传统文化相关资源。

从改革开放的认识维度来看，当代中国的改革开放实现了从知行合一到解放思想、实事求是的时代升华。中华优秀传统文化中的变革和开放精神以知行合一为认知基础和鲜明取向。从孔子的“知之为知之，不知为不知”(《论语·为政》)，到《汉书·河间献王刘德传》中的“修学好古，实事求是”，再到王阳明提出“知是行的主意，行是知的功夫；知是行之始，行是知之成”(《传习录》)，可以说“实事求是、知行合一”内蕴在中华民族求变求新的过程中，并逐渐沉淀成为中华文明的内

---

① 马克思，恩格斯. 马克思恩格斯文集：第2卷. 北京：人民出版社，2009：470－471.

② 习近平在中共中央政治局第六次集体学习时强调 不断深化对党的理论创新的规律性认识 在新时代新征程上取得更为丰硕的理论创新成果. 人民日报，2023－07－02 (1).

③ 习近平. 在文化传承发展座谈会上的讲话. 北京：人民出版社，2023：6.

在品质之一。我们党将马克思主义实事求是的理论品格同中华优秀传统文化中的知行合一相结合，破除固化藩篱，创造性提出“解放思想，实事求是”的思想路线。第一，解放思想、实事求是贯彻于改革开放全过程，是当代中国改革开放的精髓、精华，是其“活的灵魂”。从真理标准问题的大讨论，到姓“资”姓“社”、姓“公”姓“私”的争论，再到荣与辱的划分，进而到社会主义核心价值观的培育和践行，正是打破了与社会历史发展规律相悖的思想观念，使人民群众从不合时宜的观念做法的束缚中解放了出来，才激发出蕴藏在人民群众中的积极性，推动了中国特色社会主义事业向前向稳发展。第二，解放思想、实事求是突出表现为既不走封闭僵化的老路，也不走改旗易帜的邪路，一切从中国国情和时代要求出发，在改革开放实践探索中坚定不移走中国特色社会主义新路。在中国这样有着 5 000 多年文明史、14 亿多人口的大国推进改革开放，只有一切从实际出发，把科学社会主义基本原则同中国现实国情、历史文化传统、时代发展要求结合起来，才能继续把改革开放推向新的高度，不断夺取改革开放的伟大胜利。第三，改革永无止境，解放思想、实事求是也永无止境。中国特色社会主义是不断发展的事业，“改革开放只有进行时没有完成时”①。进一步全面深化改革、推进中国式现代化还会遇到新情况新课题，还要应对各种可以预料和难以预料的风险与挑战，还要进行新的实践和探索。只有始终坚持解放思想、实事求是，不断赋予改革开放新的实践特色、理论特色、民族特色、时代特色，才能跑好改革开放的接力赛，跑出民族复兴的好成就。所以，当代中国的改革开放继承发展中华民族知行合一的哲思智慧，以解放思想、实事求是为思想标识，在为改革开放的顺利推进奠定基础的同时，也为改革开放的不断深化廓清认识障碍。

从改革开放的主体维度来看，当代中国的改革开放实现了从民为邦本到人民首创、人民至上的时代升华。中华优秀传统文化中的变革和开放精神某种程度上是中国古人围绕如何治国安民进行的理论思考和实践探索。《尚书・五子之歌》所记载的“民惟邦本，本固邦宁”，孟子说的“民为贵，社稷次之，君为轻”（《孟子・尽心下》），以及荀子说的“君者，舟也；庶人者，水也。水则载舟，水则覆舟”（《荀子・王制》）等，

① 习近平. 习近平谈治国理政：第 1 卷. 2 版. 北京：外文出版社，2018：69.

都揭示了民众在国家政权构建和社会变革治理中的根本地位。我们党把历史唯物主义同中华优秀传统文化中的民为邦本相结合，摒弃传统“民本”思想中以抽象的人来维护某一阶级利益的工具性考量，真正把实现全体人民共同富裕作为改革开放的根本目标。第一，明确改革开放为了谁，坚持以人民为中心的改革立场。当代中国的改革开放立足于实现人的解放、促进人的自由全面发展的根本旨归，吸收中华民族民为邦本的思想精华，形成以人民为中心的价值取向。邓小平曾反复强调要把人民拥不拥护、赞不赞成、高不高兴、答不答应作为制定方针政策和作出决断的出发点和归宿，把“三个有利于”即是否有利于发展社会主义社会的生产力，是否有利于增强社会主义国家的综合国力，是否有利于提高人民的生活水平①，作为判断一切工作是非得失的标准。在全面深化改革新的历史起点上，习近平总书记结合新的改革形势对为了谁的问题作出了体现时代要求的创新性诠释，明确提出了坚持以人民为中心的发展思想和以人民群众获得感来衡量的新的改革评价标准。第二，明确改革开放依靠谁，坚持人民主体地位。马克思主义认为，人民群众是社会历史的主体，是社会物质财富的创造者、精神财富的创造者，是社会变革的决定力量。当代中国改革开放始终把人民群众当作主体，充分发挥人民群众的自主性、积极性和创造性。就像习近平总书记多次强调的，“改革开放在认识和实践上的每一次突破和发展，改革开放中每一个新生事物的产生和发展，改革开放每一个方面经验的创造和积累，无不来自亿万人民的实践和智慧”②。所以，当代中国的改革开放继承发展中华民族民为邦本的思想精华，创造性地提出坚持人民至上，为进一步全面深化改革、推进中国式现代化奠定坚实的群众基础，提供持续发展的内生动力。

从改革开放的空间维度来看，当代中国的改革开放实现了从天下大同到开放包容、命运与共的时代升华。中华优秀传统文化中的变革和开放精神锚定中华民族千百年来孜孜以求的大同愿景。从《尚书·尧典》中的“百姓昭明，协和万邦”，到《周易·乾》中的“首出庶物，万国咸宁”，再到《论语·颜渊》中的“四海之内皆兄弟也”等，无不映现着中国古人天下一家的理想追求。尤其是《礼记·礼运》所描绘的大同

---

① 邓小平. 邓小平文选：第3卷. 北京：人民出版社，1993：372.

② 习近平. 习近平谈治国理政：第1卷. 2版. 北京：外文出版社，2018：68.

社会愿景，生动展现了一个人人都能受到全社会的关爱、人人都能安居乐业，物尽其用、人尽其力的大同社会。我们党把马克思主义共同体思想同中华优秀传统文化中的大同理想相结合，在当代中国改革开放的实践中，显现面朝世界、面向未来的格局。“开放是中国式现代化的鲜明标识。”① 第一，开放包容、命运与共是中国拥抱世界的开放眼光和海纳百川的包容胸襟的集中体现。当今世界日益成为一个密不可分的整体。正如习近平总书记所强调的，“开放带来进步，封闭必然落后。中国的发展离不开世界，世界的繁荣也需要中国”②。中国始终秉持以天下为己任的追求和担当，是全球共同开放的重要推动者，是开放型世界经济的有力倡导者，是全球治理改革的积极贡献者。第二，开放包容、命运与共在当前集中表现为推动构建人类命运共同体。历史发展必然趋势的实现不是一个完全自发的过程，也不是一个无主体的过程，离不开人们践行为人类谋进步、为世界谋大同的使命担当。在对外开放中，中国始终秉持开放包容的理念，“以天下观天下”，以文明交流超越文明隔阂、以文明互鉴超越文明冲突、以文明包容超越文明优越，积极倡导“一带一路”建设，推动构建人类命运共同体，为实现优势互补、开放发展、协同发展提供广泛机遇。第三，以开放包容、命运与共廓清当今世界发展进步的必由之路。改革开放这条路是行得通的，更是不可动摇的。但同时，改革开放这条路也必然会是充满波折的，不会是一帆风顺的。在进一步全面深化改革、推进中国式现代化的进程中，中国将坚定地走向世界舞台中央，为解决人类面临的共同难题提供中国方案，为优化全球治理体系和治理秩序贡献中国主张，为推动世界各文明交流互鉴提供中国价值。所以，当代中国的改革开放继承发展中华民族天下大同的理想追求，站在全人类的高度，以开放包容、命运与共的理念，打破国家、民族和意识形态的界限，构建能够共同应对挑战、共享发展成果的理想社会。

从改革开放的原则维度来看，当代中国的改革开放实现了从因时制宜到辩证统一、内涵发展的时代升华。中华优秀传统文化中的变革和开放精神以因时制宜为重要原则方法。中国传统文化是在农耕基础上产生

① 中共中央关于进一步全面深化改革 推进中国式现代化的决定. 北京：人民出版社，2024：25.

② 习近平. 习近平谈治国理政：第 3 卷. 北京：外文出版社，2020：187.

发展的文化。在中国古代，以“天”为统摄的自然力量对生产生活有着重大影响。因此，认识“天”、与“天时”保持一致就成了占据主导地位的核心思想观念。具体到社会变革实践中，就表现为中国古人因时制宜、审时度势的原则方法，强调“器械者，因时变而制宜适也”（《淮南子·氾论训》）。我们党把唯物辩证法同中华优秀传统文化中的辩证智慧相结合，从纷繁复杂的事物表象中把准改革开放的时代脉搏。当代中国的改革开放继承发展中华民族因时制宜的传统智慧，坚持辩证唯物主义和历史唯物主义的立场观点方法，注重改革艺术和改革策略，在辩证统一、内涵发展中走深走实。

三、改革开放精神是当代中国人民最鲜明的精神标识

改革开放精神是以爱国主义为核心的民族精神和以改革创新为核心的时代精神在改革开放伟大实践中的具体体现，是当代中国人民精神标识的集中表达。改革开放精神是与时俱进精神、开放包容精神、实事求是精神、不畏风险精神和辩证发展精神的有机统一体，是推动新时代进一步全面深化改革、推进中国式现代化的精神力量。

“改革开放只有进行时没有完成时”的与时俱进精神。从时间维度来看，改革开放精神是一种与时俱进精神。习近平总书记指出：“改革开放只有进行时没有完成时。”[①] 改革开放是把“静止时间”雕琢成“起伏历史”的“工具库”，而这一“工具库”的灵魂就是与时俱进。没有与时俱进的改革和开放，中国就无法实现从追赶时代的“后进者”到引领时代的“先行者”的华丽转身。第一，与时俱进就要坚持改革创新精神。推进改革开放、建设中国特色社会主义是做老祖宗没做过的事、走老祖宗没走过的路，没有现成的经验可学。没有与时俱进、改革创新，中国特色社会主义伟大事业就会停步不前，改革开放的伟大成就也就无从谈起。第二，与时俱进还要坚持问题意识导向。习近平总书记强调：“改革是由问题倒逼而产生，又在不断解决问题中得以深化。”[②] 十年内乱导致我国经济濒临崩溃的边缘，再不改革，现代化事业和社会主

---

① 中共中央文献研究室．习近平关于全面深化改革论述摘编．北京：中央文献出版社，2014：4.

② 中共中央文献研究室．习近平关于全面深化改革论述摘编．北京：中央文献出版社，2014：8.

义事业就会被葬送；苏联解体、东欧剧变使世界社会主义运动陷入低潮，如何回应夹杂着“终结”“别无选择”等各色话语的和平演变，考问着中国特色社会主义事业；科学探索全面协调可持续发展的道路，是新起点上延续“风景这边独好”景象的必然要求；改革进入深水区，找准改革突破口，在问题中把握改革脉搏，是新时代全面深化改革的基本路向。问题是创新的起点和动力，坚持问题导向贯穿于改革开放与时俱进发展过程的始终。第三，与时俱进就要保持接续奋斗状态。邓小平指出，“改革的意义，是为下一个十年和下世纪的前五十年奠定良好的持续发展的基础。没有改革就没有今后的持续发展”，“这件事必须坚决干下去”①。改革开放是一场接力赛，需要我们以接续奋斗的精神状态，绵绵用力、久久为功，跑好改革开放的接力赛，跑出民族复兴的好成就，将改革开放进行到底。

“中国的发展离不开世界，世界的繁荣也需要中国”的开放包容精神。从空间维度来看，改革开放精神是一种开放包容精神。习近平总书记指出：“开放带来进步，封闭必然落后。中国的发展离不开世界，世界的繁荣也需要中国。”② 开放必然是在站稳中国立场的基础上，对世界敞开大门，中国对外开放的怀抱越张越大，全面改革的力度效果也越强。开放与改革是同一问题的两个方面，二者始终是相辅相成、互促互进的。党的二十届三中全会明确指出：“开放是中国式现代化的鲜明标识。”③ 只有在开放中，才能明确改革的问题重点，检视改革的实际成效，促进改革的持续推进；同时，只有在改革中，才能更加激发开放的动力，释放开放的活力，凝聚开放的合力。第一，开放包容是积极进取的状态。以一种怎样的精神状态去迎接前进道路上的风险挑战，直接关系到最终目标能否达成。在对外开放中，始终保持积极进取的状态，尤其是在以中国式现代化全面推进中华民族伟大复兴的关键时期，更要以只争朝夕的积极态度去应对外部环境中的各种风险挑战。第二，开放包容是理性平和的心态。在进一步全面深化改革、推进中国式现代化中必

① 邓小平．邓小平文选：第3卷．北京：人民出版社，1993：131．

② 中共中央党史和文献研究院．十九大以来重要文献选编：上．北京：中央文献出版社，2019：734．

③ 中共中央关于进一步全面深化改革 推进中国式现代化的决定．北京：人民出版社，2024：25．

然会暴露出更多的问题不足，以理性平和的心态正视我国在诸多领域存在的不足，客观分析原因，找准进一步改革的着力点。第三，开放包容是自信乐观的姿态。改革开放所取得的各方面成就深刻说明，改革开放这条路是行得通的，更是不可动摇的。同时，改革开放不会是一帆风顺的，但我们只要始终坚定信心，保持乐观，依循方向，锚定目标，撸起袖子加油干，以中国式现代化推进中华民族伟大复兴就一定会实现。

“改革既不可能一蹴而就，也不可能一劳永逸”的实事求是精神。从原则维度来看，改革开放精神是一种实事求是精神。习近平总书记指出：“改革既不可能一蹴而就、也不可能一劳永逸。”① 必须在尊重社会主义现代化建设发展规律的基础上，一切从实际出发。实践充分证明，改革开放是一首紧扣时代脉搏的交响曲，而实事求是就是连接整个乐章的音符。没有实事求是的精神，中国依然无法实现这一“伟大觉醒”。一方面，解放思想，实事求是，既是马克思主义的精髓，也是改革开放精神的核心。只有打破与社会历史发展规律相悖的思想观念，使人民群众从不合时宜的观念做法的束缚中解放出来，才能激发蕴藏在人民群众中的积极性，推动中国特色社会主义事业的向前向稳发展。从真理标准问题的大讨论，到姓“资”姓“社”、姓“公”姓“私”的争论，再到荣与辱的划分，进而到社会主义核心价值观的培育和践行，可以说没有思想的大解放，就不会有改革的大突破。解放思想、实事求是在为改革开放的顺利实施奠定基础的同时，也为改革开放的不断深化清除认识障碍。另一方面，艰苦奋斗，创业争先，既是中国共产党人的优良传统，也是推进改革开放、建设中国特色社会主义事业的重要法宝。十年内乱一度将我国推向崩溃的边缘，坚持解放思想、实事求是，就要发扬艰苦奋斗、创业争先的创业精神。从到改革开放的前沿阵地去拼、去闯、去创业，到如今的大众创业、万众创新，充分证明了“四十年来取得的成就不是天上掉下来的，更不是别人恩赐施舍的，而是全党全国各族人民用勤劳、智慧、勇气干出来的”②。

“船到中流浪更急、人到半山路更陡”的不畏风险精神。从状态维

① 中共中央文献研究室. 习近平关于全面深化改革论述摘编. 北京：中央文献出版社，2014：8.

② 中共中央党史和文献研究院. 十九大以来重要文献选编：上. 北京：中央文献出版社，2019：728.

度来看，改革开放精神是一种不畏风险精神。习近平总书记指出：“我们现在所处的，是一个船到中流浪更急、人到半山路更陡的时候，是一个愈进愈难、愈进愈险而又不进则退、非进不可的时候。”① 如果说改革开放是一次小心翼翼的起航，那么今天的进一步全面深化改革、推进中国式现代化就是一次志在必得的进军，不畏风险、奋勇搏击是我们取胜的法宝。一方面，树立停顿和倒退没有出路的倒逼意识。随着改革开放向纵深发展，发展中的问题和发展后的问题、一般矛盾和深层次矛盾交织叠加、错综复杂。只有树立停顿和倒退没有出路的倒逼意识，用改革开放的办法来解决改革开放的问题，才能实现全面深化改革的总目标。另一方面，坚持不进则退、非进不可的敢闯敢冒精神。改革开放是一项开创性事业，要想取得新突破、打开新局面，非大胆地试、勇敢地改不可。邓小平强调：“改革开放胆子要大一些，敢于试验，不能像小脚女人一样。看准了的，就大胆地试，大胆地闯。”② 以“三个有利于”为判断标准，推动思想大解放和生产力大发展。改革开放是一个不断爬坡过坎、攻坚克难的过程，其中必然伴随着调整的阵痛、成长的烦恼。进一步全面深化改革的复杂程度、敏感程度、艰巨程度前所未有。这就必然要求我们不畏风险，敢于啃硬骨头、敢于涉险滩，勇于冲破思想观念障碍、勇于向顽瘴痼疾开刀，主动出击、迎接挑战，在经济升级、社会转型的沟沟坎坎，国际形势、经贸摩擦的风风雨雨中，迈出改革开放再出发的铿锵步伐。

“推进改革胆子要大，但步子一定要稳”的辩证发展精神。从实践维度来看，改革开放精神是一种辩证发展精神。习近平总书记指出：“推进改革胆子要大，但步子一定要稳。胆子大不是蛮干，蛮干一定会导致瞎折腾。”③ 改革开放作为一项崭新事业，必须坚持正确的方法论，从纷繁复杂的事物表象中把准改革脉搏。辩证发展思想铺就了改革开放伟大实践的道路航标，闪烁着改革开放精神的辩证之维。第一，加强党的领导和尊重人民首创精神相结合。中国共产党的领导是中国特色社会

---

① 中共中央党史和文献研究院. 十九大以来重要文献选编：上. 北京：中央文献出版社，2019：738－739.

② 邓小平. 邓小平文选：第3卷. 北京：人民出版社，1993：372.

③ 中共中央文献研究室. 习近平关于全面深化改革论述摘编. 北京：中央文献出版社，2014：41.

主义最本质的特征，是中国特色社会主义制度的最大优势。改革开放的伟大实践，充分证明了只有坚持中国共产党的领导，才能应对风险挑战、克服艰难险阻，不走封闭僵化的老路、不走改易旗帜的邪路，而是在中国特色社会主义道路上奋勇向前。人民群众是改革开放和社会主义现代化建设的主体力量，要尊重人民群众的首创精神，创造既有利于集中统一又激发每个人积极性、能动性和创新性的生动局面，在坚持党的领导和尊重人民群众首创精神的统一中，让人民群众共享改革开放发展成果，提升获得感、幸福感和安全感。第二，摸着石头过河和顶层设计相结合。对于老祖宗没有讲过的、其他社会主义国家没有干过的改革开放事业，我们只有在实践、认识、再实践、再认识的反复过程中，实现改革开放从先试验、后总结、再推广并且不断改善前进的深化发展。随着改革开放广度、深度的拓展，要把改革推向前进，不仅要摸着石头过河，还要加强顶层设计。以总揽全局的视野统筹改革开放整体的系统设计，在自下而上地摸着石头过河和自上而下地顶层设计的统一中，加强全面深化改革的系统性、协同性和可控性，确保改革开放的根本性、总体性和长远性。第三，胆子要大和步子要稳相结合。胆子要大，瞄准的是改革开放的勇气问题。面对深层次的社会关系和利益矛盾，胆子不大寸步难行，要做改革开放的促进派，“该改的、能改的我们坚决改，不该改的、不能改的坚决不改”①。步子要稳，紧扣的是解决如何改革的问题。在越来越深的水中前行，遇到的阻力、暗礁必然会越来越多，所以改革开放的前进方向一定要准，行驶速度一定要稳，稳扎稳打，步步为营，既不触碰犯颠覆性错误的红线，也不违反政策制定随意变动的底线。在胆子要大和步子要稳的统一中，积小胜为大胜，为全面深化改革总目标的不断实现创造条件。

四、在“第二个结合”中把当代中国改革开放推向前进

改革开放已经走过千山万水，但仍需跋山涉水。恩格斯指出：“‘社会主义社会’不是一种一成不变的东西，而应当和任何其他社会制度一样，把它看成是经常变化和改革的社会。”② 回望过去，当代中国在坚

---

① 中共中央党史和文献研究院. 十九大以来重要文献选编：上. 北京：中央文献出版社，2019：732.

② 马克思，恩格斯. 马克思恩格斯文集：第10卷. 北京：人民出版社，2009：588.

持把马克思主义基本原理同中国改革开放具体实际相结合、同中华民族变革开放的文化传统相结合中，绘就了推动中国式现代化的壮阔进程。面向未来，当代中国的改革开放必将在“两个结合”与对中国马克思主义的理论发展的规律性认识中，谱写进一步全面深化改革、推进中国式现代化“史诗般的进步”的辉煌篇章。

一是坚持守正创新，把牢当代中国改革开放的正确方向。中华民族的无数变法变革图强运动从正反两面深刻揭示了方向决定道路、道路决定命运的道理。在进一步全面深化改革、推进中国式现代化的进程中，必须坚持守正创新，守马克思主义基本原理之正、守党对改革的领导之正、守以人民为中心之正，解决新矛盾、新问题，实现新创造、新突破，从根本上确保当代中国的改革开放守正不变质、创新不跑偏。第一，坚持以马克思主义指导当代中国的改革开放。马克思主义深刻揭示了人类社会发展规律，提供认识世界和改造世界的科学世界观和方法论，并且在中国化时代化的过程中，不断同中华优秀传统文化贯通融通，以契合中华民族思想观念、价值追求、思维方式的科学指导，推动当代中国改革开放事业不断推向前进。习近平新时代中国特色社会主义思想是“两个结合”的光辉典范，从“魂脉”和“根脉”的高度，保证当代中国的改革开放始终沿着正确方向前进。第二，坚持党对当代中国改革开放的全面领导。改革开放实践深刻揭示，正是因为始终坚持党的领导，我们才能实现伟大历史转折、开启改革开放和社会主义现代化建设新时期和中华民族伟大复兴新征程。“当代中国的伟大社会变革，不是简单延续我国历史文化的母版，不是简单套用马克思主义经典作家设想的模板，不是其他国家社会主义实践的再版，也不是国外现代化发展的翻版”①。党的领导不仅保证当代中国的改革开放始终沿着中国特色社会主义道路向前推进，而且保持始终走中国特色社会主义道路的政治清醒和政治坚定，是进一步全面深化改革、推进中国式现代化的根本保证。第三，坚持人民有所呼、改革有所应的价值取向。以人为本是中华民族鲜明的文化标识。改革开放是亿万人民自己的事业，要从人民群众的整体利益、根本利益、长远利益出发，切实做到人民有所呼、改革有所应，做到老百姓关心什么、期盼什么，改革就要抓住什么、推进什

① 习近平.习近平谈治国理政：第2卷.北京：外文出版社，2017：344.

么，多推出一些民生所急、民心所向的改革举措，多办一些惠民生、暖民心、顺民意的实事，使改革能够让人民群众有更多获得感、幸福感、安全感。

二是坚守文化立场，厚植当代中国改革开放的文化根基。中华民族之所以能够绵延千年而不断绝，正是因为能够在文明发展的历史路口，突破陈旧的束缚藩篱，兼容域外的先进成果，拓宽文明的发展空间，延长文明的发展向度。在进一步全面深化改革、推进中国式现代化的进程中，必须坚守文化立场，从源远流长的历史连续性来认识中国，守正不守旧、尊古不复古，厚植当代中国改革开放的历史文化根基。第一，深入挖掘中华优秀传统文化中关于变革和开放精神的思想资源。变革开放的文化传统不断沉淀并塑造了中华文明突出的创新性和包容性，为当代中国改革开放的时代出场提供了历史渊源和文化传统。要立足于当代中国改革开放的实际，坚持历史唯物主义的立场观点方法，推动中华民族变革开放文化传统的系统性、创新性、时代性阐发，实现中华优秀传统文化中关于变革和开放精神思想资源的创造性转化、创新性发展，在进一步全面深化改革、推进中国式现代化的当代实践中赋予其更加深刻的时代注脚。第二，运用中华优秀传统文化中的变革和开放精神凝聚改革共识。随着改革开放的深入推进，大发展大变革大调整的时代特征日益凸显，各种思想文化交流交融交锋，这就凸显了凝聚改革共识的必要性和重要性。要从中华优秀传统文化中提炼关于改革开放价值认同的“最大公约数”，在众声喧哗中凸显变革和开放精神，在交流交融交锋中体现变革和开放精神，用中华民族变革开放的文化传统引领全国各族人民心往一处想、劲往一处使。第三，加强中华优秀传统文化中变革和开放精神的宣传教育。由摸着石头过河的“零起步”到全面深化改革纵深发展的“深水区”，旧问题不断解决，新问题随之而起，已经解决的任务、有待完成的任务和新提出的任务交织叠加。在既定“奶酪”、顽瘴痼疾面前，以倒退、滑坡等为噱头的质疑声、发难声，给改革开放的伟大成就徒添刺眼的暗纱。这就需要用好中华优秀传统文化的精神宝库，强化正面宣传和舆论引导，在进一步全面深化改革、推进中国式现代化进程中回答人民群众关心的重大思想认知问题，明确哪些地方可以“求同”、哪些地方可以“存异”。

三是坚定自信自立，提振当代中国改革开放的决心意志。中华民族在百万年的人类史、一万年的文化史、五千多年的文明史中生生不息，历经挫折而不屈，屡遭坎坷而不馁，中华文明成为世界诸多古代文明中，唯一没有中断而延续至今的文明，靠的就是自信自立，能够在变法图强运动中始终保持独立自主。在进一步全面深化改革、推进中国式现代化的进程中，必须坚定自信自立，立足中国国情、依据自己的历史文化传统，把中国发展的命运牢牢掌握在自己手中。第一，在“往哪儿改”的困惑上展现定力气魄。改革开放之所以取得巨大成功，关键在于我们始终掌握发展的主动性，实现从被动盲目到主动积极的重大转向，打破“现代化等于西方化”“现代化必须全盘西化”的迷思。要汲取中华优秀传统文化中变革和开放精神的精神滋养，紧扣坚持和发展中国特色社会主义这一主题，以推进国家治理体系和治理能力现代化的总目标为根本尺度，助推其在“往哪儿改”的问题上始终葆有定力气魄。第二，在“要不要改”的疑虑上展现决心魄力。习近平总书记指出：“没有可以奉为金科玉律的教科书，也没有可以对中国人民颐指气使的教师爷。”① 但凡是影响改革开放顺利推进的，不论是“硬骨头”，还是“险滩”，我们坚决改；但凡是涉及改革开放的根本性、长远性的原则和措施，我们坚决不改。中华优秀传统文化中的变革和开放精神是消除“要不要改”疑虑的“清醒剂”，要发挥中华优秀传统文化的文化涵养作用，展现将改革开放进行到底的决心魄力。第三，在“怎样改”的课题上展现行动魄力。“为中国人民谋幸福，为中华民族谋复兴，是中国共产党人的初心和使命，也是改革开放的初心和使命。”② 要从中华优秀传统文化的丰厚沃土中，以满足人民对美好生活的向往为目标，以人民拥不拥护、赞成不赞成、高兴不高兴为依据，以让人民共享改革开放成果，提升人民群众的获得感、幸福感、安全感为旨归，把人民至上贯穿于改革开放全过程，时刻葆有敢啃“硬骨头”、敢涉“深险滩”的斗争精神和行动魄力。

---

① 习近平. 习近平谈治国理政：第 3 卷. 北京：外文出版社，2020：184.

② 习近平. 习近平谈治国理政：第 3 卷. 北京：外文出版社，2020：182.

图书在版编目（CIP）数据

“第二个结合”与新时代中华优秀传统文化创新发展研究/单文鹏著.--北京：中国人民大学出版社，2025.6.--（马克思主义研究丛书）.-- ISBN 978-7-300-33781-4

Ⅰ.D61；K203

中国国家版本馆 CIP 数据核字第 20252G1Q85 号

马克思主义研究丛书

“第二个结合”与新时代中华优秀传统文化创新发展研究

单文鹏　著

出版发行	中国人民大学出版社		
社　　址	北京中关村大街 31 号	**邮政编码**	100080
电　　话	010－62511242（总编室）		010－62511770（质管部）
	010－82501766（邮购部）		010－62514148（门市部）
	010－62511173（发行公司）		010－62515275（盗版举报）
网　　址	http://www.crup.com.cn		
经　　销	新华书店		
印　　刷	唐山玺诚印务有限公司		
开　　本	720 mm×1000 mm　1/16	**版　　次**	2025 年 6 月第 1 版
印　　张	11 插页 2	**印　　次**	2025 年 6 月第 1 次印刷
字　　数	173 000	**定　　价**	68.00 元